**EINZEL- UND PARTNERARBEIT**

P. Lindner-Köhler

# 5-Minuten Diktate

## zum gezielten Rechtschreibtraining

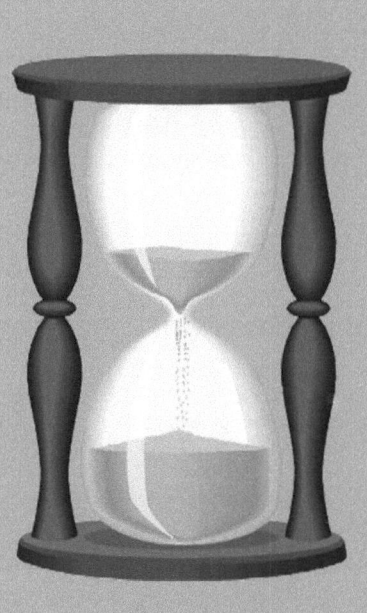

**6**

**Ein Trainingsprogramm zur Bildung von Schreibkompetenz**

# im 6. Schuljahr

Lernen mit Erfolg

**KOHL VERLAG**

www.kohlverlag.de

# Fünf-Minuten-Diktate

## 6. Schuljahr

8. Auflage 2025

© Kohl-Verlag, Kerpen 2009
Alle Rechte vorbehalten.

Inhalt: Petra Lindner-Köhler
Coverbild: © clipart.com
Illustrationen: © clipart.com
Redaktion: Kohl-Verlag
Grafik & Satz: Kohl-Verlag
Druck: elanders Druck, Waiblingen

**Bestell-Nr. 10 885**

**ISBN: 978-3-86632-885-3**

Kontakt: Kohl-Verlag, An der Brennerei 37-45, 50170 Kerpen
Tel: +49 2275 331610, Mail: info@kohlverlag.de

## Der vorliegende Band ist eine Print-<u>Einzellizenz</u>

Sie wollen unsere Kopiervorlagen auch digital nutzen? Kein Problem – fast das gesamte KOHL-Sortiment ist auch sofort als PDF-Download erhält-lich! Wir haben verschiedene Lizenzmodelle zur Auswahl:

| | Print-Version | PDF-Einzellizenz | PDF-Schullizenz | Kombipaket Print & PDF-Einzellizenz | Kombipaket Print & PDF-Schullizenz |
|---|---|---|---|---|---|
| Unbefristete Nutzung der Materialien | x | x | x | x | x |
| Vervielfältigung, Weitergabe und Einsatz der Materialien im eigenen Unterricht | x | x | x | x | x |
| Nutzung der Materialien durch alle Lehrkräfte des Kollegiums an der lizenzierten Schule | | | x | | x |
| Einstellen des Materials im Intranet oder Schulserver der Institution | | | x | | x |

Die erweiterten Lizenzmodelle zu diesem Titel sind jederzeit im Online-Shop unter www.kohlverlag.de erhältlich.

# Inhalt

FÜNF-MINUTEN-DIKTaTE zum gezielten Rechtschreibtraining / 6. Schuljahr – Bestell-Nr. 10 885

KOHL VERLAG

# Vorwort

Liebe Kolleginnen und Kollegen,

nicht selten wird heutzutage diese Frage laut: Warum brauchen wir Diktate?

Ebenso wird häufig kritisiert, dass viele Lehrer* Diktate als perfekte Möglichkeit der Notengebung nutzen. Dies ist grundsätzlich nicht negativ – und natürlich auch nicht verboten – jedoch bieten Diktate, wenn man die Regeln zur Rechtschreibung erklärt, eine sehr gute Möglichkeit, diese zu erlernen.

Der Erwerb von orthographischen Erkenntnissen ist für das spätere Berufsleben unverzichtbar. Im Deutschunterricht sollen die Schülerinnen und Schüler die Regeln der Rechtschreibung erlernen. Diese werden aber nur gefestigt, wenn auch regelmäßig geübt wird. Dazu haben sich nicht nur zahlreiche Übungen als sehr sinnvoll erwiesen, sondern eben auch kleine Übungsdiktate, auf deren besondere Schwierigkeiten bzw. Besonderheiten auch gezielt eingegangen wird. Nur versierte Schreiber entwickeln schließlich ein gesundes Selbstbewusstsein, um schriftlichen Anforderungssituationen auch wirklich gerecht zu werden. Auf gute Kenntnisse in der Rechtschreibung ist man nun mal ein Leben lang angewiesen.

Aber wie gelangen die Schüler zu diesem Selbstbewusstsein beim Einsatz der Rechtschreibung? Klar – das lernen sie ja in der Schule! Lernen bedeutet, dass geistige, körperliche und soziale Kenntnisse, Fähigkeiten und Fertigkeiten erworben werden. Aber wie kann dies nun tatsächlich erreicht werden?

Hier ist das Sprichwort „Übung macht den Meister" sehr treffend, denn der Weg ist die Übung. Durch den Prozess des Übens werden die kognitiven Inhalte gefestigt.

Genau aus diesem Grund bestehen *Kohls praktische 5-Minuten-Diktate* aus vielfältigem Übungsmaterial. Insgesamt gibt es 20 Diktate auf 40 Kopiervorlagen. So lassen sich sowohl die Rechtschreibung als auch der Wortschatz gezielt üben und zugleich nachhaltig durch die Regeln und passenden Übungen sichern.

Viel Freude beim Einsatz der vorliegenden Kopiervorlagen wünschen Ihnen der Kohl-Verlag und

## *Petra Lindner-Köhler*

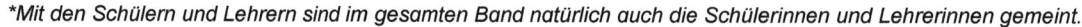

*Mit den Schülern und Lehrern sind im gesamten Band natürlich auch die Schülerinnen und Lehrerinnen gemeint.

FÜNF-MINUTEN-DIKTaTE zum gezielten Rechtschreibtraining / 6. Schuljahr – Bestell-Nr. 10 885

KOHL VERLAG

# Einsatzmöglichkeiten

Alle 20 Diktattexte sind nach dem gleichen Prinzip aufgebaut. Sie wurden nach Rechtschreibthemen und aufsteigendem Schwierigkeitsgrad sortiert.

**Arbeitsblatt 1 (linke Seite):**

- Die Schüler haben die Möglichkeit, den Diktattext aufmerksam zu lesen. Die schwierigen Wörter sind unterstrichen.
- Erste einfache Übungen werden angeboten, um das Rechtschreibphänomen zu erkennen. Spezielle Wörter mit besonders hoher Fehlerwahrscheinlichkeit werden gezielt geübt.
- Der dritte Teil des ersten Arbeitsblattes besteht aus der Abschrift des Textes. Zu allen Diktaten ist die Anzahl der Wörter angegeben.

**Arbeitsblatt 2 (rechte Seite):**

Das zweite Arbeitsblatt bietet vielfältige Übungen. Die Schüler haben hier die Möglichkeit ...

- ... die passende Regel herauszufinden,
- ... den Wortschatz zu erweitern,
- ... mit dem neu erlernten Rechtschreibwissen kreativ umzugehen
- ... und/oder einfach nur zu üben.

Die Einsatzmöglichkeiten des Produktes sind vielfältig. Sie bieten einmal die Möglichkeit, als unterrichtsbegleitendes Werk eingesetzt zu werden, die 20 Diktate können aber auch gleichmäßig über das ganze Schuljahr verteilt werden.

Sie können als Lehrkraft frei entscheiden, ob Ihre Schüler selbstständig damit arbeiten. So können die Kopiervorlagen zum Beispiel in der Freiarbeit eingesetzt werden. Die Schüler können ihre Leistungen anhand der mitgelieferten Lösungen selbst kontrollieren.

Die Diktate bieten eine hervorragende Gelegenheit, soziale Kompetenzen zu erweitern, da alle Diktate auch als Partnerdiktat durchgeführt werden können. Unter anderem lassen sich die Diktate auch in Laufdiktate, Wörterbuchdiktate oder Dosendiktate „umfunktionieren". Des Weiteren bietet dieses Werk die Möglichkeit, Differenzierungsangebote für Ihre individuellen Schüler herauszunehmen.

Sollten Sie die 5-Minuten-Diktate nicht unterrichtbegleitend einsetzen, können diese Kopiervorlagen den Schülern auch eine Chance bieten, zu Hause damit zu arbeiten. Der gleiche Aufbau aller 20 Diktateinheiten sowie die Lösungen sind nicht nur eine Unterstützung für Sie als Lehrer, sondern sie geben auch Eltern die Gelegenheit, mit ihren Kindern zu üben! Gerade für Schüler, die Probleme mit der Rechtschreibung haben, ist dies eine Empfehlung, für die Ihnen zahlreiche Eltern dankbar sein werden!

---

<u>Dosendiktat:</u>

Das Diktat kopieren (am besten vergrößert) und in einzelne Streifen schneiden. Die Satzstreifen durchnummerieren. Alle Streifen werden nun in eine Dose gepackt (die Dosen können von Ihren Schülern mitgebracht und verziert werden). Jeder hat nun die Aufgabe, die Streifen der Reihe nach herauszuziehen, den Satz/Text zu lesen und schließlich aus dem Gedächtnis niederzuschreiben.

---

<u>Laufdiktat:</u>

Der Diktattext wird an einer bestimmten Stelle im Klassenzimmer aufgehängt (es können auch unterschiedliche Plätze sein). Die Schüler müssen nun an die einzelnen Stellen laufen, den Satz lesen und ihn – zurück am Platz – aus dem Gedächtnis aufschreiben.

---

<u>Wörterbuchdiktat:</u>

Der Klasse wird das Diktat auf herkömmliche Weise diktiert. Am Ende bekommen die Schüler Zeit, ihre „fraglichen" Wörter zu unterstreichen und schließlich im Wörterbuch nachzuschlagen.

FÜNF-MINUTEN-DIKTaTE zum gezielten Rechtschreibtraining / 6. Schuljahr – Bestell-Nr. 10 885

KOHL VERLAG

# Ein Rezept für Waffeln

**1. Lernschritt:** *Lies den Text aufmerksam durch! Lies laut!*

Zwei Tassen Mehl und eine Tasse Zucker gut mischen. Eine halbe Tasse Milch und eine halbe Tasse Wasser mischen, zufügen. Drei Eier einrühren. Die Masse 30 Minuten quellen lassen. Falls der Teig zu fest ist, etwas mehr Wasser zugeben. Das heiße Waffeleisen einfetten, eine kleine Kelle Teig hineingeben und goldbraun backen. Die Waffeln nicht stapeln - zum Abkühlen nebeneinander auf ein Gitter legen, so bleiben sie knusprig. Mit Zucker, Sahne oder Obst servieren.

*72 Wörter*

 **2. Lernschritt:** **a)** *Markiere im Text die Wörter mit Doppelkonsonanten blau, die mit Dehnungs-h grün!*

**b)** *Sortiere die Wörter in die Tabelle ein!*

| Wörter mit Doppelkonsonanten | | Wörter mit Dehnungs-h |
|---|---|---|
| | | |
| | | |
| | | |
| | | |
| | | |
| | | |

**3. Lernschritt:** *Achte aufmerksam auf das Diktat!*

*Knicke das Blatt entlang der gestrichelten Linie nach hinten weg!*

- - - - - - - - - - - - - - - - - - - - - - - - - - - - - - - - - - - - - - - -

_____

_____

_____

_____

_____

_____

_____

_____

FÜNF-MINUTEN-DIKTaTE zum gezielten Rechtschreibtraining / 6. Schuljahr – Bestell-Nr. 10 885

KOHL VERLAG

# 1 Ein Rezept für Waffeln

**Man kann den Unterschied hören:**

Der Vokal vor einem Dehnungs-h wird lang gesprochen.
Der Vokal vor Doppelkonsonanten wird kurz gesprochen.

Auch bei der Silbentrennung hört man Doppelkonsonanten.

➜ Achtung - ck wird nicht getrennt!

**4. Lernschritt:** *Schreibe die Wörter mit Doppelkonsonanten aus dem Text wie im Beispiel auf!*

Tas - se, ...
_____

_____

**5. Lernschritt:** *Leite von jedem Wort in der Tabelle weitere Wörter ab!*

**Beispiele:** Tasse - Tässchen, Mehl - mehlig, Zucker - zuckern

_____  _____  _____

_____  _____  _____

_____  _____  _____

_____  _____  _____

_____  _____  _____

**6. Lernschritt:** *Alles klar? Teste dich – doppelter Konsonant oder h?*

a) Meine He___ren, es ist mir eine E___re!

b) Das La___m hat ein la___mes Bein.

c) Der Ka___n hat ein Loch, den ka___n man nicht benutzen.

d) Es ist nicht leicht, eine Schubka___re geradeaus zu fa___ren.

e) Frau Meiers So___n liegt gern in der So___ne.

f) Der Mü___ler ma___lt das Me___l in der Mü___le.

g) Ich ko___nte nicht a___nen, dass Sie sich ke___nen!

h) Der mit Sauerra___m beladene LKW ra___mte einen Baum.

i) Es ist eine Wo___ne, in einem Haus mit Swimmingpool zu wo___nen.

FÜNF-MINUTEN-DIKTaTE zum gezielten Rechtschreibtraining / 6. Schuljahr – Bestell-Nr. 10 885

## 2 Sommerferien

**1. Lernschritt:** *Lies den Text aufmerksam durch! Lies laut!*

Ilka findet die Türkei verlockend. Sie will knackig braun werden und Bauchtanz lernen. Ihre Eltern meckern: der Arzt habe gesagt, die Hitze dort sei schlecht für das Herz, Walzer sei doch viel schöner, und dann das stark gewürzte Essen ... .
Sie wollen in den Harz fahren. Aber da streikt Ilka. Dutzende Wanderungen mit Rucksack, ungeheizte Badeseen, Hirsche und Käuzchen – wie ätzend! Da wäre es ja sogar noch witziger, allein zu Hause zu bleiben.

*73 Wörter*

**2. Lernschritt:** **a)** *Sortiere die unterstrichenen Wörter in die Tabelle ein!*

| ck | einfaches k | tz | einfaches z |
|----|-------------|-----|-------------|
|    |             |     |             |
|    |             |     |             |
|    |             |     |             |
|    |             |     |             |

**b)** *Ergänze!*   Vor ck und tz stehen häufig _____ ,

vor k und z zumeist _____ .

**3. Lernschritt:** *Achte aufmerksam auf das Diktat!*

*Knicke das Blatt entlang der gestrichelten Linie nach hinten weg!*

- - - - - - - - - - - - - - - - - - - - - - - - - - - - - - - - - - - - - - - - - -

_____

FÜNF-MINUTEN-DIKTaTE zum gezielten Rechtschreibtraining / 6. Schuljahr – Bestell-Nr. 10 885

KOHL VERLAG

# 2  Sommerferien

Es ist dir sicher schon aufgefallen. Vielleicht helfen dir diese Reime,
es dir besser zu merken:

Nach l, m, n, r, merke ja,
steht nie tz und nie ck.
Nimm die Regel mit ins Bett:
Nach Doppellauten nie tz,
und auch da nie ck.

**4. Lernschritt:**  *Tandem-Übung – du deckst die linke Seite der Tabelle zu,
dein Nachbar die rechte (oder umgekehrt). Du diktierst deinem
Nachbarn die Wörter, die auf deiner Seite stehen. Dann diktiert
dein Nachbar dir die Wörter auf seiner Seite.*

| Schanze | | Schatz | |
|---|---|---|---|
| Borke | | Bock | |
| Kranz | | Kratzer | |
| Zinken | | Zicke | |
| Bunker | | Buckel | |
| Schinken | | schicken | |
| Tanz | | Tatze | |
| purzeln | | putzen | |
| Balken | | backen | |
| winzig | | witzig | |
| melken | | meckern | |
| Marke | | Macke | |

**5. Lernschritt:**  *Alles klar? Teste dich – fülle die Lücken!*

a) Ich hatte zu spät gemer__t, dass das Benzin fast alle war.

Auf dem Weg zur Tan__stelle blieb das Auto stehen.

b) Susi bekommt einen Da__el und eine Schau__el geschen__t.

c) Wir essen Schin__enbrot und trin__en Pfeffermin__tee.

d) In der Schwei__ sind wir mit der Seilbahn zum Gipfelkreu__ gefahren.

Die Gondel hat so schre__lich geschau__elt, dass uns entse__lich
schlecht war!

FÜNF-MINUTEN-DIKTaTE zum gezielten Rechtschreibtraining / 6. Schuljahr – Bestell-Nr. 10 885

KOHL VERLAG

## 3  Michael ist krank

 **1. Lernschritt:**    *Lies den Text aufmerksam durch! Lies laut!*

---

Michael thronte im Bett, den athletischen Körper in feuchte Wickel gehüllt und neben sich eine Thermoskanne mit Thymiantee. Ein dickes Buch aus der Bibliothek mit dem Titel „Therapie der Lungenerkrankungen" lag auf seinem Schoß. „Du musst zur Apotheke gehen und mir ein paar Medikamente holen", nuschelte er mit dem Fieberthermometer im Mund, „hoffentlich ist es kein Asthma oder gar Tuberkulose!" „Was für ein Theater wegen einer kleinen Erkältung", spöttelte Kira. „Willst du meine Theorie hören? Je mehr du über das Thema liest, desto mehr Symptome wirst du an dir feststellen. Leg bloß das Buch weg!"

*94 Wörter*

---

 **2. Lernschritt:**  a)  *Markiere im Text alle Wörter grün, die ein* | **th** | *enthalten!*

b)  *Schreibe die Wörter unten heraus! Markiere das* | **th** | *jeweils grün!*

_____

_____

_____

**3. Lernschritt:**  *Achte aufmerksam auf das Diktat!*

*Knicke das Blatt entlang der gestrichelten Linie nach hinten weg!*

- - - - - - - - - - - - - - - - - - - - - - - - - - - - - - - - - - -

FÜNF-MINUTEN-DIKTaTE zum gezielten Rechtschreibtraining / 6. Schuljahr – Bestell-Nr. 10 885

KOHL VERLAG

## 3 Michael ist krank

 **4. Lernschritt:** *Hier sind noch ein paar relativ häufige Wörter mit* **th** *.*
*Ordne sie den Bedeutungen zu. Falls nötig, schau im*
*Fremdwörterlexikon nach!*

> anthrazit – apathisch – ästhetisch – Äther –Atheist – Hypothek
> - Katheder - Kathedrale – katholisch – Mathematik – pathetisch
> - Rhythmus - Theke -Theologie - Therapeut - Thermen - These

**a)** Arzt, Heilkundiger → _____

**b)** Wissenschaft von den Zahlen → _____

**c)** (übertrieben) feierlich → _____

**d)** regelmäßige, taktmäßige Wiederholung → _____

**e)** Rednertisch → _____

**f)** Lehre von Gott und Religion → _____

**g)** teilnahmslos → _____

**h)** schön, geschmackvoll → _____

**i)** hohes Möbelstück (Kneipe, Laden) → _____

**j)** schwarzgrauer Farbton → _____

**k)** Mensch, der nicht an Gott glaubt → _____

**l)** große Kirche → _____

**m)** römische Badeanlage → _____

**n)** Behauptung → _____

**o)** Narkosemittel → _____

**p)** Pfandrecht an einem Grundstück → _____

**q)** zu einer christlichen Religion gehörend → _____

 **5. Lernschritt:** *Alles klar? Teste dich – setze ein* **h** *ein, wo nötig!*

**a)** Meine Lieblingssportart ist Leichtat__let__ik.

**b)** Ich brauche Medikament__e gegen Ast__ma und T__uberkulose.

**c)** Die Bibliot__ekarin hat uns ein paar int__eressante T__itel genannt.

**d)** Für den Führerschein musst du eine t__eoret__ische Prüfung machen.

**e)** Gegen deine Sympt__ome gibt es verschiedene T__erapien.

FÜNF-MINUTEN-DIKTaTE zum gezielten Rechtschreibtraining / 6. Schuljahr – Bestell-Nr. 10 885

KOHL VERLAG

**1. Lernschritt:** *Lies den Text aufmerksam durch! Lies laut!*

Gestern hat Majas Mutter einen Vorschlag gemacht. Sie findet, dass Maja mal alleine in die Ferien fahren soll. Maja fand die Idee zuerst doof. Sie war noch nie allein verreist. Ihre Mutter hat ihr schon einen Flyer mitgebracht. Darauf sind viele Fahnen zu sehen. In jeder einzelnen Fahne stehen Vorschläge für Aktivitäten. Es wird ein Volleyball- und ein Fußballturnier angeboten, man kann Fischen gehen oder in einen nahegelegenen Vogelpark. Maja weiß nicht so recht, ob ihr das alles gefällt. Erst als ihr Vater erzählt, dass ihre beste Freundin auch mitfahren wird, kann Maja ihre Vorfreude kaum verbergen. Jetzt hat sie das Gefühl, dass die vier Wochen bis zum Reisebeginn sehr langsam vergehen.

*112 Wörter*

 **2. Lernschritt:** *Suche im Text 5 Wörter mit dem Buchstaben* v/V *und 5 Wörter mit dem Buchstaben* f/F *heraus! Trage sie in die Tabelle ein!*

| V/v | F/f |
|---|---|
| _____ | _____ |
| _____ | _____ |
| _____ | _____ |
| _____ | _____ |
| _____ | _____ |

 **3. Lernschritt:** *Achte aufmerksam auf das Diktat!*

*Knicke das Blatt entlang der gestrichelten Linie nach hinten weg!*

- - - - - - - - - - - - - - - - - - - - - - - - - - - - - - - - - - - - - -

_____

_____

_____

_____

_____

_____

_____

_____

FÜNF-MINUTEN-DIKTaTE zum gezielten Rechtschreibtraining / 6. Schuljahr – Bestell-Nr. 10 885

KOHL VERLAG

## 4 Ferien

 **4. Lernschritt:** **a)** *Bilde möglichst viele Wörter mit der Vorsilbe* **ver-** *!*

**b)** *Bilde Wörter mit der Vorsilbe* **vor-** *! Schreibe sie auf die Linien!*

_____    _____    _____

_____    _____    _____

_____    _____    _____

_____    _____    _____

_____    _____    _____

_____    _____    _____

_____    _____    _____

 **5. Lernschritt:** *Bilde mit den Wörtern aus <u>Lernschritt 4</u> jeweils vier vollständige Sätze! Schreibe sie auf die Blattrückseite oder in dein Heft!*

---

Wörter mit den Vorsilben **vor-** und **ver-** schreibt man immer mit **v** !

Die anderen Wörter mit **v** solltest du dir am besten gut einprägen! Vielleicht hilft dir dieser Merkspruch dabei:

Nicht nur alle Wörter mit <u>vor-</u> und <u>ver-</u>, sondern auch alle Wörter mit <u>voll-</u> und mit <u>viel-</u> als Vorsilbe werden mit **v** geschrieben.

---

 **6. Lernschritt:** *Alles klar? Teste dich – setze* **f/F** *oder* **v/V** *in die Lücken ein!*

**a)** ___ertig     **b)** ___alschparker     **c)** ___reiheit

**d)** ___ormund     **e)** ___leisch     **f)** ___orrücken

**g)** ___alle     **h)** ___erpackung     **i)** ___ielfahrer

**j)** ___ogel     **k)** ___errückt     **l)** ___lach

**m)** ___orschung     **n)** ___orbild     **o)** ___ertigung

**p)** ___ergebens     **q)** ___ernsicht     **r)** ___orwort

FÜNF-MINUTEN-DIKTaTE zum gezielten Rechtschreibtraining / 6. Schuljahr – Bestell-Nr. 10 885

KOHL VERLAG

# **5** **Freitag ist Fischtag**

 **1. Lernschritt:** *Lies den Text aufmerksam durch! Lies laut!*

Es war wieder Freitag. Und wie meistens gab es Fisch. Carolin hatte Fisch schon immer widerwärtig gefunden. Aber ihre Mutter hatte ständig wiederholt, Fisch sei ja so gesund. Also hatte Carolin ihn trotz ihres Widerwillens hin und wieder gegessen, bis es ihr einmal widerfahren war, eine Gräte zu verschlucken. Das Ding hatte wie mit Widerhaken in ihrem Hals gesteckt! Seitdem widersetzte sie sich allen Überredungsversuchen. Wenn ihre Mutter schimpfte: „Stell dich nicht wieder so an!", erwiderte sie: „Nie wieder esse ich dieses widerliche Zeug!"

84 Worte

 **2. Lernschritt:** **a)** *Markiere im Text alle Begriffe grün, die **wider** enthalten!*

**b)** *Sortiere alle markierten Begriffe in die Tabelle ein!*

| Nomen/Substantive | Verben | Adjektive |
|---|---|---|
| | | |
| | | |

**3. Lernschritt:** *Achte aufmerksam auf das Diktat!*

*Knicke das Blatt entlang der gestrichelten Linie nach hinten weg!*

- - - - - - - - - - - - - - - - - - - - - - - - - - - - - - - - - - - - - - - - - -

_____

_____

_____

_____

_____

_____

_____

_____

_____

FÜNF-MINUTEN-DIKTaTE zum gezielten Rechtschreibtraining / 6. Schuljahr – Bestell-Nr. 10 885
KOHL VERLAG

## 5  Freitag ist Fischtag

> Die Worte (Wortteile) „wider" und „wieder" haben ganz verschiedene Bedeutungen.
>
> wider = *gegen, dagegen, entgegen*
> wieder = *nochmals, erneut/zurück*

**4. Lernschritt:**  *Fülle die Lücken mit „wider" oder mit „wieder"!*

a) Ich bin dagegen – ich leiste W_____stand, ich w_____setze mich.

b) Ich sage jetzt das Gegenteil – ich w_____rufe, was ich gesagt habe.

c) Ich sage das noch einmal  - ich w_____hole es.

d) Ich stimme nicht zu – ich erw_____ etwas.

e) Gegen den Willen – w_____willig.

f) Ich will mein Buch zurück haben, du musst es mir w_____geben.

g) Haken mit Zacken in der entgegengesetzten Richtung - W_____haken.

h) Kühe kauen ihr Futter mehrmals – sie sind W_____käuer.

i) Das Licht scheint mir entgegen – der W_____schein.

j) Bis wir uns erneut sehen – auf W_____sehen.

k) Ich bringe dir die gleichen Gefühle entgegen – ich erw_____ deine Gefühle.

**5. Lernschritt:**  *Alles klar? Teste dich selbst – setze* `wider` *oder* `wieder` *ein!*
*Achte auch auf die Groß- und Kleinschreibung! Schreibe auf die*
*Blattrückseite oder in dein Heft/in deinen Ordner!*

a) Die _____vereinigung Deutschlands ist schon zwanzig Jahre her.

b) Wer sein Auto im Parkverbot abstellt, parkt _____rechtlich.

c) Das gefällt mir nicht, es ist mir zu_____.

d) Der _____aufbau des beschädigten Hauses beginnt morgen.

e) Von dem aufdringlichen Verhalten des Vertreters war ich ange_____.

f) Ich habe den Kerl rausgeworfen und gesagt, er solle nicht _____kommen.

g) Kühe mit Fleisch zu füttern ist _____natürlich, sie sind Pflanzenfresser.

h) Vielen Leuten _____strebt es zuzugeben, dass sie sich geirrt haben.

i) Ich rufe nachher noch mal an. Auf _____hören!

j) Wer ist bei diesem Streit dein _____sacher?

k) Einer _____holung der Sommerferien würden die meisten Schüler sich
nicht _____setzen.

FÜNF-MINUTEN-DIKTaTE  zum gezielten Rechtschreibtraining  / 6. Schuljahr  –  Bestell-Nr. 10 885

KOHL VERLAG

# 6 Kleine Kinder

 **1. Lernschritt:** *Lies den Text aufmerksam durch! Lies laut!*

Ich finde, dass kleine Kinder komisch sind - zum Beispiel das Mädchen, das über uns wohnt. Man kann darauf wetten, dass die Kleine täglich zehn Wutanfälle kriegt! Die Gründe sind Kleinigkeiten, ihr Eis ist geschmolzen oder ein anderes Kind hat ein Spielzeug, das sie haben will. Und alle im Haus wissen, dass sie nie schlafen geht, ohne dass sie ihr Kuscheltier hat. Einmal hab ich das blöde Plüschkrokodil, ohne das sie nicht leben kann, im Garten versteckt. Das war ein Geschrei!

*80 Wörter*

- Für **das** mit einem **s** kann man *dies/dieses, welches* oder *jenes* einsetzen.
- Wenn weder *dies/dieses*, *welches* oder *jenes* passt, schreibt man **dass** mit zwei **s**.

  <u>Beispiele:</u>   - Ich finde, dies(es) kleine Kinder ... } (ergibt keinen Sinn, also **dass**)
  - Ich finde, welches kleine Kinder ...

  - ... dieses Mädchen, welches über uns wohnt ... (ergibt Sinn, also **das**)

 **2. Lernschritt:**   a) *Unterstreiche im Text alle <u>das</u> bzw. <u>dass</u> mit einem Lineal!*

b) *Überprüfe die Regel an fünf unterstrichenen Wörtern im Text! Schreibe diese Sätze mit dies/dieses oder mit welches auf die Blattrückseite!*

**3. Lernschritt:** *Achte aufmerksam auf das Diktat!*

*Knicke das Blatt entlang der gestrichelten Linie nach hinten weg!*

- - - - - - - - - - - - - - - - - - - - - - - - - - - - - - - - - - - - - - - -

_____

FÜNF-MINUTEN-DIKTaTE zum gezielten Rechtschreibtraining / 6. Schuljahr – Bestell-Nr. 10 885

KOHL VERLAG

**4. Lernschritt:** *Kannst du die folgenden Wortarten den Sätzen zuordnen?*

---

Artikel – Demonstrativpronomen – Relativpronomen – Konjunktion

---

**a)** Ich hoffe, <u>dass</u> es euch gut geht. ⇨ _____

**b)** Mir schmeckt <u>das</u> Erdbeereis am besten. ⇨ _____

**c)** Ich suche ein Auto, <u>das</u> schwarz lackiert ist. ⇨ _____

**d)** Darf ich vorstellen – <u>das</u> ist Susanne. ⇨ _____

Am schwierigsten zu unterscheiden sind wohl die Fälle a und c. Aber es gibt ein paar Hinweise. Wenn im Nebensatz das Relativpronomen das steht, dann muss vorher ein sächliches Nomen/Substantiv vorkommen! Darauf bezieht sich das Relativpronomen nämlich.

<u>das Mädchen</u>, **das** über uns wohnt

<u>ein Spielzeug</u>, **das** sie haben will

<u>das Plüschkrokodil</u>, ohne **das** sie nicht leben kann

... Und bei Zweifelsfällen gibt es noch einen Trick:

- Das Buch wird so spät geliefert, das(s) ich mit der Arbeit in Zeitdruck komme.
- Kannst du mir das Buch leihen, das(s) ich für die Hausarbeit brauche?

Schwierig? Dann ersetze „das Buch" durch ein feminines oder maskulines Nomen/Substantiv. Schreibe die veränderten Sätze auf! Damit ist das Problem gelöst, nicht wahr?

 **5. Lernschritt:** *Alles klar? Teste dich selbst – setze* **das** *oder* **dass** *ein!*

**a)** Ich glaube dir, _____ du _____ nicht getan hast.

**b)** Er hat ein Stück gespielt, _____ mir sehr gut gefällt.

**c)** Er sagt, _____ er _____ Stück selbst geschrieben hat.

**d)** Karin behauptet, _____ Michael _____ Handy hat, _____ ihr letzte Woche geklaut wurde. Hältst du _____ für möglich?

**e)** Das Pferd, auf _____ ich Geld gesetzt habe, hat gewonnen.

**f)** Stimmt _____, _____ _____ Problem, _____ du mit das und dass hattest, jetzt gelöst ist?

FÜNF-MINUTEN-DIKTaTE zum gezielten Rechtschreibtraining / 6. Schuljahr – Bestell-Nr. 10 885

KOHL VERLAG

# 7 | Eine neue Frisur

 **1. Lernschritt:**   *Lies den Text aufmerksam durch! Lies laut!*

Lisa ist fest entschlossen, <u>endlich</u> ihre Frisur zu verändern. Aber wie? Soll sie ihre Haare abschneiden oder schwarz färben? Oder gar blau? Sie überlegt <u>endlos</u> hin und her. Abschneiden ist <u>endgültig</u>, dann sind die langen Locken weg. Blau wäre toll. Aber das lässt sich nicht wieder <u>entfernen</u> und es würde <u>unendlich</u> dauern, bis es rausgewachsen wäre. Schwarze Tönung ist auswaschbar. Aber schwarz macht <u>entsetzlich</u> blass... <u>Entnervt</u> verschiebt Lisa die <u>Entscheidung</u> auf den Tag nach dem <u>Endspiel</u>.

*76 Wörter*

 **2. Lernschritt:**   **a)** *Trage die unterstrichenen Begriffe in die Tabelle ein!*

| end- | ent- |
|------|------|
|      |      |
|      |      |
|      |      |
|      |      |
|      |      |

   **b)** *Lies die Wörter und achte darauf, auf welcher Silbe sie betont werden! Markiere die betonte Silbe grün! Fällt dir etwas auf?*

**3. Lernschritt:**   *Achte aufmerksam auf das Diktat!*

*Knicke das Blatt entlang der gestrichelten Linie nach hinten weg!*

- - - - - - - - - - - - - - - - - - - - - - - - - - - - - - - - - - - -

_____

_____

_____

_____

_____

_____

_____

_____

FÜNF-MINUTEN-DIKTaTE zum gezielten Rechtschreibtraining  /  6. Schuljahr  –  Bestell-Nr. 10 885

KOHL VERLAG

Die betonte Vorsilbe **end-** ist von Ende abgeleitet:

*endlich* = am Ende (manchmal auch = hat ein Ende, z.B.: Das Leben ist endlich)
*endgültig* = bis zum Ende gültig
*Endspiel* = das allerletzte entscheidende Spiel

Solltest du keine derartige Ableitung bilden können, dann schreibe **ent-**.

Es gibt auch noch **-end** und **-ent** am Ende eines Wortes. Das ist ganz leicht zu unterscheiden:

⇨ Unbetontes -end als Nachsilbe gibt es nur beim Partizip Präsens: *lachend usw.*
  Auch dringend und während sind von Verben abgeleitet!
⇨ Betontes -ent meist bei Fremdwörtern: *Moment, Zement, Parlament ...*

Schließlich findet man noch ein „unechtes" -ent- in der Mitte des Wortes:

*hoffentlich* = hoffen + t + lich, eigentlich = eigen + t + lich usw.
Das t steht dort nur wegen der leichteren Aussprache.

**4. Lernschritt:** *Schreibe zwei Sätze, in denen ein Wort mit **-end** vorkommt! Formuliere so, dass deutlich wird, dass es sich um etwas mit Ende zu tun hat!*

_____

_____

_____

**5. Lernschritt:** *Alles klar? Teste dich, indem du ☐d☐ oder ☐t☐ einsetzt!*

**a)** Gut, dass du en___lich anrufst! Ich hatte versehen___lich deine Nummer gelöscht und konnte dich währen___ der letzten Woche nicht erreichen.

**b)** Den En___preis des En___safters können Sie der Rechnung en___nehmen.

**c)** Dein Zimmer ist im Momen___ so orden___lich. Du hast dich also en___lich en___schließen können es zu en___rümpeln.

**d)** Ich muss dringen___ mein Fahrrad en___rosten.

**e)** Nach einem Fußballspiel ziehen die en___täuschten Fans gelegen___lich toben___ und schimpfen___ durch die Stadt.

**f)** Der Film ist wohl nicht so spannen___, wenn du dabei schlafen___ auf dem Sofa liegst.

**g)** Das Wesen___liche am Lernen ist, dass du ganz en___spannt, aber trotzdem konsequen___ an die Sache herangehst. Dann wird das En___ergebnis gut!

FÜNF-MINUTEN-DIKTaTE zum gezielten Rechtschreibtraining / 6. Schuljahr – Bestell-Nr. 10 885

KOHL VERLAG

## 8  Ein nettes Paar

**1. Lernschritt:**   *Lies den Text aufmerksam durch! Lies laut!*

> Herr Schneider hatte in seinem 70-jährigen Leben ein paar Freundinnen gehabt. Leider hatten ihn alle nach ein paar Wochen so gelangweilt, dass er lieber allein geblieben war. Aber dann lernte er bei einem befreundeten Paar Else kennen und wusste sofort: „Wir müssen ein Paar werden!" Er traf sie jede Woche ein paarmal und langweilte sich auch nach ein paar Monaten nie mit ihr. Also zog er seinen besten Anzug und sein bestes Paar Schuhe an, kaufte ein Paar Verlobungsringe und beschloss: „Heute frage ich sie!"
>
> *85 Wörter*

**2. Lernschritt:**   a)  *Markiere **paar** blau und **Paar** grün!*

b)  *Ordne die Begriffe in die Tabelle ein!*

| paar (klein geschrieben) | Paar (groß geschrieben) |
|---|---|
|  |  |
|  |  |
|  |  |
|  |  |

**3. Lernschritt:**   *Achte aufmerksam auf das Diktat!*

*Knicke das Blatt entlang der gestrichelten Linie nach hinten weg!*

- - - - - - - - - - - - - - - - - - - - - - - - - - - - - - - - - - - - - - -

FÜNF-MINUTEN-DIKTaTE zum gezielten Rechtschreibtraining  /  6. Schuljahr  –  Bestell-Nr. 10 885

# 8 Ein nettes Paar

Der Unterschied zwischen <u>ein paar</u> und <u>ein Paar</u>:
- Zwei Dinge oder Personen, die zusammengehören: *ein Paar (Ohrringe)*
- Zwei oder mehrere Dinge oder Personen, die nicht zusammengehören: *ein paar (Leute einladen), ein paar (Autos, die vorbeifahren)*

**4. Lernschritt:** *Setze richtig ein!*

„Was für ein hübsches ___aar wir doch sind!", dachte sich Herr Schneider,
als er mit seiner Else vor dem Standesbeamten stand. Ein ___aar funkeln-
de Ohrringe glänzten an Elses Ohren und um den Hals trug sie eine schöne
Perlenkette. Nach ein ___aar vergeblichen Heiratsanträgen hatte sie sich doch
noch dazu entschlossen, Frau Else Schneider zu werden. Herr Schneider war
unheimlich froh, aber auch nervös, ob Else auch noch „Ja" sagen würde. Auch
die ___aar Gäste im Standesamt warteten nun nervös auf ihre Antwort. Nach
ein ___aar Sekunden des Zögerns sagte sie mit fester Stimme: „Ja!"

**5. Lernschritt:** *Alles klar? Teste dich – setze entweder* paar *oder* Paar *ein!*

a) Carla wünscht sich ein _____ goldene Ohrringe.

b) Frau Neureich trägt an jeder Hand ein _____ Ringe.

c) Ich habe mir ein schönes _____ dicke Socken gestrickt.

d) Ich habe schon wieder ein _____ einzelne Socken gesammelt.
Wo mögen die anderen sein?

e) Auf der Hochspannungsleitung sitzen ein _____ Vögel.

f) Mirko hat ein _____ Kanarienvögel. Er hofft, dass die beiden bald brüten.

g) Katrin hat ein _____ Pullover und ein _____ Handschuhe bekommen.

h) In dem neuen _____ Strümpfe sind schon ein _____ Löcher, dabei
habe ich sie erst ein _____mal angezogen.

i) Ich habe ein _____ Hosen, die mir zu weit sind, deshalb habe ich mir
ein _____ Hosenträger gekauft.

**6. Lernschritt:** Ein Witz:
*„Klaus, du hast ja einen roten und einen grünen Strumpf an,
wie sieht das denn aus!" – „Ja, mein Geschmack ist es auch
nicht gerade, aber die gehören zusammen, zu Hause habe
ich noch genau so ein _____."*

FÜNF-MINUTEN-DIKTaTE zum gezielten Rechtschreibtraining / 6. Schuljahr – Bestell-Nr. 10 885

KOHL VERLAG

# 9  Das Diktat

 **1. Lernschritt:**  *Lies den Text aufmerksam durch! Lies laut!*

> Peter freute sich nicht darauf, gleich das Diktat mitzuschreiben. Ohne
> viel Erfolg versuchte er sich zu beruhigen. Er hatte doch reichlich Zeit
> gehabt, sich vorzubereiten! Aber leider neigte er dazu durchzudrehen,
> wenn es darum ging, eine Prüfung zu bestehen. Er schien dann sogar
> Sachen zu vergessen, die er eigentlich glaubte zu können. Er fing an
> nachzudenken, wie das Problem zu lösen wäre. Kurz überlegte er
> sogar, sich umzusetzen - neben Rita. Aber dann wäre es für Frau Hartmann leicht zu
> durchschauen, dass er vorhatte, abzuschreiben.
>
> *85 Wörter*

 **2. Lernschritt:**  **a)** *Markiere alle <u>Infinitive mit zu</u> grün!*

   **b)** *Sortiere sie in die Tabelle ein!*

| zusammen | getrennt |
|---|---|
|  |  |
|  |  |
|  |  |
|  |  |

**3. Lernschritt:**  *Achte aufmerksam auf das Diktat!*

*Knicke das Blatt entlang der gestrichelten Linie nach hinten weg!*

- - - - - - - - - - - - - - - - - - - - - - - - - - - - - - - - - - - - - -

_____

FÜNF-MINUTEN-DIKTaTE zum gezielten Rechtschreibtraining / 6. Schuljahr – Bestell-Nr. 10 885

KOHL VERLAG

Wann getrennt – wann zusammen? Wo steht das zu?

**a)** Bei einfachen Verben steht es davor: *zu lachen,*
*zu können, zu lösen usw.*, ebenso bei den Vorsilben
ver-, er-, be-, ge-, ent-: *zu versuchen, zu erreichen*

> Partikel sind
> unveränderliche
> Wortarten (z.B.
> Präpositionen)

**b)** Bei Verben mit Partikeln davor (es gibt auch
noch andere Zusammensetzungen mit Verben)
gibt es einen guten Test:

- liegt die Betonung auf der Partikel, kommt das **zu** in die Mitte
  > Beispiele: *<u>auf</u>räumen (ich räume auf)* → *auf**zu**räumen*
  > *<u>weg</u>gehen (ich gehe weg)* → *weg**zu**gehen*

- liegt die Betonung auf dem Verb, kommt das **zu** nach vorn
  > Beispiele: *wieder<u>holen</u> (ich wiederhole)* → *zu wiederholen*
  > *über<u>setzen</u> (ich übersetze)* → *zu übersetzen*

Achtung! Bei einigen Wörtern kann die Betonung <u>entweder</u> auf der Partikel <u>oder</u>
auf dem Verb liegen. Dann ist aber die Bedeutung unterschiedlich.

> Beispiele: *<u>unter</u>stellen – unter<u>stellen</u>*
> Du vergisst immer dein Fahrrad **unter<u>zu</u>stellen**!
> – Frech, mir das **zu unter<u>stellen</u>**!
> *<u>durch</u>brechen – durch<u>brechen</u>*
> Es gelang ihm, das Brett **durch<u>zu</u>brechen** und die
> Schallmauer **zu durch<u>brechen</u>**.

---

**4. Lernschritt:** *Alles klar? Teste dich – unterstreiche den betonten Teil des*
*Wortes! Dann bilde den Infinitiv mit **zu**!*

**a)** aufstehen ⇨ Tim hasst es, vor sieben Uhr _____.

**b)** bedanken ⇨ Denk daran, dich bei Oma für das Geschenk _____.

**c)** aufregen ⇨ Das Wetter ist doch kein Grund sich _____.

**d)** vorstellen ⇨ Ich plane, mich bei Firma Meier _____.

**e)** hintergehen ⇨ Was hast du dir dabei gedacht, mich so _____?

**f)** hinaufklettern ⇨ Der Baum ist morsch. Es ist gefährlich, _____.

**g)** durchschauen ⇨ Die Lüge ist leicht _____.

**h)** durchschauen ⇨ Die Fenster sind so dreckig, es ist unmöglich

_____.

**i)** wiederholen ⇨ Tom hat sich mein Deutschbuch geborgt. Ich gehe jetzt zu

ihm, um es _____.

**j)** wiederholen ⇨ Wird es nötig sein, dieses Thema noch mal

_____?

FÜNF-MINUTEN-DIKTaTE zum gezielten Rechtschreibtraining / 6. Schuljahr – Bestell-Nr. 10 885

KOHL VERLAG

**1. Lernschritt:** *Lies den Text aufmerksam durch! Lies laut!*

Markus hatte genug Geld, aber das Ausgeben schien ihm schwer zu fallen. Er verbrachte viel Zeit damit fernzusehen, nur die Gebühren fand er unverschämt hoch. Also zog er es vor, schwarzzusehen. Aber damit nicht genug: Weil er das Fahrgeld für den Bus sparen wollte, war er dazu übergegangen, schwarzzufahren. Leider hatte man ihn bei beiden Vergehen erwischt und angezeigt. Erst hatte er noch gehofft, dass der Richter bereit wäre, ihn freizusprechen. Aber allmählich fing er an, schwarz zu sehen...

*79 Wörter*

 **2. Lernschritt:** **a)** *Markiere alle <u>Infinitive mit zu</u> farbig!*

**b)** *Trage sie mit den dazugehörigen Adjektiven in die Tabelle ein!*

| zusammen | getrennt |
|---|---|
| _____ | _____ |
| _____ | _____ |
| _____ | _____ |

 **3. Lernschritt:** *Achte aufmerksam auf das Diktat!*

*Knicke das Blatt entlang der gestrichelten Linie nach hinten weg!*

- - - - - - - - - - - - - - - - - - - - - - - - - - - - - - - - - - - - - - - - - - -

_____

_____

_____

_____

_____

_____

_____

_____

_____

FÜNF-MINUTEN-DIKTaTE zum gezielten Rechtschreibtraining / 6. Schuljahr – Bestell-Nr. 10 885

KOHL VERLAG

> Er zog es vor schwarzzusehen – er fing an schwarz zu sehen.
> Was ist der Unterschied?
>
> **a)** Jemand, der schwarz sieht, erwartet etwas Schlechtes. Er kann auch ziemlich
> schwarz sehen oder noch schwärzer sehen.
> ⇨ Das Adjektiv kann man also erweitern oder steigern.
> **b)** Jemand, der schwarzsieht, bezahlt keine Gebühren. Hier passt kein „sehr"
> oder „besonders" vor das Wort, und Steigern geht auch nicht.
>
> Also gilt für den Infinitiv mit zu (übrigens auch für den ohne zu):
>
> • Wenn man bei einer Zusammensetzung von Adjektiv + Verb das Adjektiv
> erweitern oder steigern kann, schreibt man **getrennt**.
> • Wenn es *nicht* erweiterbar oder steigerbar ist, schreibt man **zusammen**.

**4. Lernschritt:**  *Schreibe auf, ob sich das Adjektiv erweitern oder steigern lässt!*

**a)** *fern//liegen – das liegt mir völlig fern* ⇨ *fern liegen*

Das Lesen von Büchern scheint manchen Leuten _____.

**b)** *fest//setzen – er setzt die Regeln ~~fester~~* ⇨ _____

Ich versuche für morgen einen Termin _____.

**c)** *hoch//fahren – ich fahre den PC ~~sehr~~ hoch* ⇨ _____

Wie lange dauert es, den PC _____?

**5. Lernschritt:**  *Alles klar? Teste dich – schreibe zusammen oder getrennt!*

**a)** *bloß//stellen:* Es ist nicht nett, jemanden _____.

**b)** *nahe//bringen:* Paul hat keine Ahnung vom Angeln. Peter versucht es

ihm _____.

**c)** *schwarz//arbeiten:* Es ist strafbar _____!

**d)** *tot//schlagen:* Ich habe kein Problem damit, eine Mücke _____.

**e)** *frei//sprechen:* Es ist schwierig, bei einem Referat _____.

**f)** *frei//sprechen:* Wer ist dafür, den Angeklagten _____

**g)** *hoch//rechnen:* Wir versuchen jetzt, die Ergebnisse _____.

**h)** *gut//schreiben:* Der Schriftsteller ist berühmt dafür, _____.

**i)** *gut//schreiben:* Die Sparkasse bietet an, die Zinsen auf dem Konto

_____.

FÜNF-MINUTEN-DIKTaTE zum gezielten Rechtschreibtraining / 6. Schuljahr – Bestell-Nr. 10 885

**1. Lernschritt:**    *Lies den Text aufmerksam durch! Lies laut!*

Heute hat Lars es eilig, die Matheaufgaben fertig zu machen. Eigentlich findet er Mathe ganz erträglich, aber eindeutig nicht so wichtig wie das Fußballspiel, das pünktlich um 15.30 anfangen wird! Mit Höchstgeschwindigkeit konstruiert er Dreiecke und schreibt die Bezeichnungen dazu: rechtwinklig – gleichseitig - gleichschenklig. Endlich geschafft! Er schaut sein Werk prüfend an. Diesmal hat er nicht so sorgfältig gearbeitet wie üblich. Es sieht ein bisschen krakelig und wackelig aus. Hoffentlich ist wenigstens alles richtig.

*74 Wörter*

**2. Lernschritt:**  **a)** *Markiere die Begriffe mit den Endungen* -ig , -lig *und* -lich *mit verschiedenen Farben!*

**b)** *Sortiere die Wörter in die Tabelle ein!*

| -ig | -lig | -lich |
|---|---|---|
|  |  |  |
|  |  |  |
|  |  |  |
|  |  |  |
|  |  |  |
|  |  |  |

**3. Lernschritt:**    *Achte aufmerksam auf das Diktat!*

*Knicke das Blatt entlang der gestrichelten Linie nach hinten weg!*

- - - - - - - - - - - - - - - - - - - - - - - - - - - - - - - - - - - - - -

_____

_____

_____

_____

_____

_____

_____

_____

FÜNF-MINUTEN-DIKTaTE zum gezielten Rechtschreibtraining / 6. Schuljahr – Bestell-Nr. 10 885

KOHL VERLAG

Meist werden *eilig – eigentlich – eindeutig* am Ende gleich ausgesprochen, nämlich so, als ob man sie mit ch schreibt. Wie kann man das unterscheiden? Genau genommen gibt es nur die beiden Endungen -ig und -lich.

- Das Wortende lig entsteht nur dann, wenn die Nachsilbe -ig an ein Wort gehängt wird, das mit l endet. Also:
  - Hörst du in der Nachsilbe <u>kein l</u>, schreibe immer **-ig**.
  - <u>Endet der Wortstamm mit l</u>, hänge immer **-ig** an.
  - In allen anderen Fällen schreibe **-lich**.

**4. Lernschritt:** *Wende diese Regeln in der folgenden Aufgabe an!*

**a)** zack____  **b)** kind____  **c)** langweil____  **d)** blödsinn____

**e)** zutraul____  **f)** öl____  **g)** verständl____  **h)** faul____

**5. Lernschritt:** *Decke die linke Seite der Tabelle zu, dein Nachbar die rechte. Du diktierst deinem Nachbarn die Wörter auf deiner Seite, dein Nachbar diktiert dir die Wörter auf seiner Seite. Sprecht die Wörter „ganz normal" aus, also mit ch-Laut am Ende, auch wenn da g steht!*

| schrumpelig | | zimperlich | |
|---|---|---|---|
| zackig | | knallig | |
| freundlich | | freudig | |
| schusselig | | dämlich | |
| unförmig | | förmlich | |
| wunderlich | | wuschelig | |
| mehlig | | allmählich | |
| übersinnlich | | unsinnig | |

**6. Lernschritt:** *Alles klar? Teste dich – füge* $\boxed{g}$ *oder* $\boxed{ch}$ *ein!*

**a)** Den Schal finde ich hässli___, die Farben sind knalli___, und er ist fusseli___.

**b)** Das Hemd soll gebügelt sein? Es ist flecki___ und falti___!

**c)** Die Schüler sind vollzähli___, das Wetter ist herrli___, der Wandertag wird sicherli___ wieder lusti___.

**d)** Lehrer halten Hausaufgaben mehrheitli___ für selbstverständli___, Schüler finden sie häufi___ ziemli___ überflüssi___.

**e)** Es ist bedauerli___, dass sich so viele Menschen ganz hefti___ vor Spinnen fürchten. Spinnen sind weder gefährli___ noch ekli___, sondern nützli___!

FÜNF-MINUTEN-DIKTaTE zum gezielten Rechtschreibtraining / 6. Schuljahr – Bestell-Nr. 10 885

KOHL VERLAG

**1. Lernschritt:** *Lies den Text aufmerksam durch! Lies laut!*

Rechtschreibung war für Pascal ein Buch mit sieben Siegeln. Da ging es schon los: Das Siebengebirge schrieb man groß, aber <u>sieben Siegel</u> klein, weil es kein Eigenname war, sondern eine feste Verbindung von Adjektiv und Nomen. Das galt ebenso für die <u>rote Karte</u> oder den <u>blauen Brief</u>. Der <u>Erste Bürgermeister</u> und der <u>Heilige Vater</u> waren aber Titel. Auch den <u>Großen Panda</u> und das <u>Tote Meer</u> schrieb man groß. Es machte Pascal ganz fertig! Nur beim <u>Heiligen Abend</u> fand er es logisch. Das war ja auch ein großer Tag!

*88 Wörter*

 **2. Lernschritt:** *Hier sind die Begriffe etwas durcheinander geraten. Stelle sie richtig! Achte auf die Artikel und die Groß- und Kleinschreibung!*

DIE SIEBEN KARTEN          _____

DER ROTE BÜRGERMEISTER     _____

DER ERSTE BRIEF            _____

DER HEILIGE PANDA          _____

DER GROSSE ABEND           _____

DAS TOTE SIEGEL            _____

DAS HEILIGE MEER           _____

DER BLAUE VATER            _____

**3. Lernschritt:** *Achte aufmerksam auf das Diktat!*

*Knicke das Blatt entlang der gestrichelten Linie nach hinten weg!*

- - - - - - - - - - - - - - - - - - - - - - - - - - - - - - - - - - - - -

_____

_____

_____

_____

_____

_____

_____

_____

FÜNF-MINUTEN-DIKTaTE zum gezielten Rechtschreibtraining / 6. Schuljahr – Bestell-Nr. 10 885

KOHL VERLAG

Eigennamen und feste Verbindungen zu unterscheiden ist nicht ganz einfach. „Der gelbe Sack" und „das schwarze Brett" sind Begriffe, die wohl jeder kennt, aber man schreibt sie doch klein – weil eben nicht ein bestimmter Sack oder ein bestimmtes Brett diese Bezeichnung als Namen haben. Die Begriffe, die groß geschrieben werden, kann man drei Bereichen zuordnen: Biologie, Erdkunde und Geschichte/Politik.

**4. Lernschritt:** *Erstelle auf der Blattrückseite eine Tabelle mit den drei Spalten Biologie (Pflanzen, Tiere), Erdkunde und Geschichte/Politik (Titel, Kalendertage, Epochen ...)*

      **a)** *... die groß geschriebenen Begriffe aus dem Diktattext!*
      **b)** *... die folgenden Begriffe:*

der Erste Weltkrieg – das Kaspische Meer – der Afrikanische Elefant – der Atlantische Ozean – die Gemeine Wespe – der Erste Mai – das Alte Land – das Rote Kreuz – die Ostfriesischen Inseln – die Kleine Brennnessel – die Sächsische Schweiz – der Schwarze Panther – der Tasmanische Beutelteufel

**5. Lernschritt:** *Alles klar? Teste dich – setze Großbuchstaben ein, wenn nötig!*

    **a)** Der (g/G) ____efleckte Schierling ist eine äußerst giftige Pflanze.

    **b)** Das Verpackungsmaterial, das in den (g/G) ____elben Sack gehört, trägt

        einen (g/G) ____rünen Punkt.

    **c)** Die Epoche, in der Königin Viktoria lebte, nennt man das

        (v/V) ____iktorianische Zeitalter.

    **d)** Viele Menschen träumen davon, das (g/G) ____roße Los zu ziehen.

    **e)** Glaubst du an (s/S) ____chwarze Magie?

    **f)** Der (k/K) ____leine Fuchs ist ein Schmetterling und die (s/S) ____chwarze

        Witwe eine Spinne.

    **g)** Die (g/G) ____elbe und die (r/R) ____ote Karte sind bei Fußballspielern

        unbeliebt.

    **h)** Bei der Feier zum (e/E) ____rsten Mai hielt der (r/R) ____egierende

        Bürgermeister eine Rede.

    **i)** Die (g/G) ____roßen Seen liegen zwischen Kanada und den Vereinigten

        Staaten.

FÜNF-MINUTEN-DIKTaTE zum gezielten Rechtschreibtraining / 6. Schuljahr – Bestell-Nr. 10 885

KOHL VERLAG

**13  Die blödeste Idee**

 **1. Lernschritt:**  *Lies den Text aufmerksam durch! Lies laut!*

> „Spaß für <u>Kleine und Große</u>!", verspricht die <u>große</u> Werbetafel am Kirmesplatz. Vor dem <u>bunten</u> Holzkarussell drängen sich die <u>Jüngsten</u>. Die <u>Älteren</u> stehen am Autoscooter Schlange. Anne schlendert herum und hält nach <u>Bekannten</u> Ausschau. Plötzlich prallt sie gegen einen <u>grinsenden Kahlköpfigen</u> mit Brille, der ihr irgendwie bekannt vorkommt. Sie schaut genauer hin und schnappt nach Luft: Es ist Pit, ihr Freund, den sie bisher nur als <u>Langhaarigen</u> kannte! „Pit!", japst sie. „Du hast ja öfter <u>komische</u> Ideen, aber das war bis jetzt die <u>blödeste</u>!"
>
> *83 Wörter*

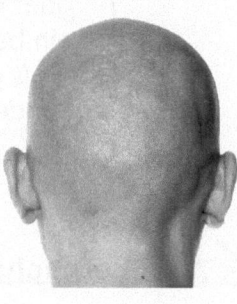

**2. Lernschritt:**  *Sortiere die unterstrichenen Wörter mit passendem Artikel in die Tabelle ein!*

| Adjektiv als Nomen/Substantiv (groß) | Adjektiv (klein) mit dazugehörigem Nomen/S. |
|---|---|
| die Kleinen und die Großen | |
| | |
| | |
| | |
| | die _____ Idee |

**3. Lernschritt:**  *Achte aufmerksam auf das Diktat!*

*Knicke das Blatt entlang der gestrichelten Linie nach hinten weg!*

- - - - - - - - - - - - - - - - - - - - - - - - - - - - - - - - -

_____

_____

_____

_____

_____

_____

_____

_____

FÜNF-MINUTEN-DIKTaTE zum gezielten Rechtschreibtraining / 6. Schuljahr – Bestell-Nr. 10 885

KOHL VERLAG

**13** **Die blödeste Idee**

| | |
|---|---|
| **Vergleiche:** | **a)** *Die Alten und die Jungen können voneinander lernen.* |
| | **b)** *In diesem Haus leben junge und alte Menschen.* |
| | **c)** *Meist sind die alten Menschen vorsichtiger als die jungen.* |

- In Satz **a)** werden die Adjektive als Nomen/Substantive gebraucht und daher groß geschrieben. Es gibt <u>keine zugehörigen Nomen/ Substantive</u> im Satz.
- In den Sätzen **b)** und **c)** ist das anders. Gemeint ist hier: „…junge <u>Menschen</u> und alte <u>Menschen</u>" und …
„…die alten <u>Menschen</u> sind vorsichtiger als die jungen <u>Menschen</u>". Aber wenn dasselbe Nomen/Substantiv mehrmals vorkommt, muss man es nicht jedes Mal hinschreiben, einmal reicht.

| | |
|---|---|
| **Unterscheide:** | **1.** Im Turnen ist Markus der **Beste**. (Gebrauch als Nomen/ Substantiv)<br>Wir sind alle gute Turner, aber Markus ist der **beste**. (= der beste Turner) |
| | **2.** Die großen Eier kochen wir, aus den kleinen machen wir Rührei. Die Kleinen gehen jetzt schlafen, die Großen dürfen noch aufbleiben. |

**4. Lernschritt:** *Alles klar? Teste dich – setze Großbuchstaben ein, wenn nötig!*

a) Die (t/T) ____euersten Sachen sind nicht immer die (b/B) ____esten.

b) Er wählt immer nur das (t/T) ____euerste und (b/B) ____este.

c) Wenn du den (b/B) ____lauen Pulli kaufst, nehme ich den (g/G) ____rünen.

d) Die (g/G) ____rünen sind eine (p/P) ____olitische Partei.

e) Wer (g/G) ____esund ist, kann sich kaum vorstellen, wie sich (k/K) ____ranke fühlen.

f) Unser Auto ist (k/K) ____aputt, aber wir bekommen bald ein (n/N) ____eues.

g) Heute ist ein (n/N) ____euer in unsere Klasse gekommen.

h) Die (k/K) ____leine (r/R) ____othaarige da drüben ist meine Kusine.

i) Ich habe zwei Brüder, einen (ä/Ä) ____lteren und einen (j/J) ____üngeren.

j) Es gibt drei Arten, (k/K) ____lug zu werden: durch Nachahmen, das ist die (e/E) ____infachste; durch Nachdenken, das ist die (e/E) ____delste; und durch Erfahrung, das ist die (b/B) ____itterste.

k) Diese Übung hier war meine (e/E) ____infachste, denn bei der Groß- und Kleinschreibung bin ich stets der (b/B) ____este!

FÜNF-MINUTEN-DIKTaTE zum gezielten Rechtschreibtraining / 6. Schuljahr – Bestell-Nr. 10 885
KOHL VERLAG

# 14 Falsche Freunde

 **1. Lernschritt:**     *Lies den Text aufmerksam durch! Lies laut!*

Nico machte es immer viel Spaß, mit seinen großen Freunden auf der Straße rumzuhängen. Die fanden ihn nicht nur süß wie seine Mutter, sondern sie sahen den coolen Typ in ihm. Das gefiel ihm sehr. Sie ließen ihn nur nicht alle Sachen mitmachen. „Besser, du weißt nicht, wo wir heute Abend sind", meinte ihr Anführer Jake. Nico hatte schon mitbekommen, dass die Großen ihre Gesichter mit Ruß schwärzten und dann ging die Post ab. Was sie genau machten, sagten sie Nico nie. Aber er las am nächsten Morgen in der Zeitung oft von aufgebrochenen Autos und gestohlenen Fahrrädern. Als Gruß hinterließ die Gang immer ein rußverschmiertes Taschentuch. Nico fragte sich ernsthaft, ob er noch mit dabei sein wollte.

*120 Wörter*

**2. Lernschritt:**     *Suche alle Wörter mit* ß *aus dem Text heraus! Schreibe sie hier auf und markiere das* ß *!*

_____

_____

_____

**3. Lernschritt:**     *Achte aufmerksam auf das Diktat!*

*Knicke das Blatt entlang der gestrichelten Linie nach hinten weg!*

- - - - - - - - - - - - - - - - - - - - - - - - - - - - - - - - - - - - - -

_____

_____

_____

_____

_____

_____

_____

_____

FÜNF-MINUTEN-DIKTaTE zum gezielten Rechtschreibtraining / 6. Schuljahr – Bestell-Nr. 10 885

KOHL VERLAG

**4. Lernschritt:** *Tandem-Übung – du deckst die linke Seite der Tabelle zu, dein Nachbar die rechte. Diktiert euch gegenseitig die Wörter auf eurer jeweiligen Seite! Entscheidet, ob die Wörter mit **ß** oder mit **ss** geschrieben werden!*

| Kissen | | Ruß | |
|---|---|---|---|
| Floß | | Wasser | |
| Schweiß | | Straße | |
| Klasse | | Fuß | |
| Schlüssel | | Messer | |
| gießen | | messen | |
| fassen | | stoßen | |
| Verlass | | Größe | |

 Überlege dir, wann ein $\boxed{ß}$ und wann ein $\boxed{ss}$ auf einen Vokal folgt!

<u>Hier die Regel:</u> In der Wortmitte oder am Wortende schreibt man ein $\boxed{ß}$ , wenn der s-Laut auf einen langen Vokal folgt.

 **5. Lernschritt:** *Arbeite mit deinem Tischnachbarn zusammen. Bildet mit einem der vorgegebenen Wörter abwechselnd einen sinnvollen Satz, den ihr eurem Partner diktiert. Wechselt euch ab und kontrolliert euch gegenseitig! Schreibt auf die Blattrückseite (ins Heft)!*

| Spaß | Gruß | Klasse | vergessen | fleißig | Schweiß | Flossen | groß | Straße |
|---|---|---|---|---|---|---|---|---|
| Schoß | Muße | müssen | lassen | Soße | gelassen | Fass | Füße | Gewissen |
| Kloß | reißen | Küsse | essen | bloß | messen | Schloss | Gebiss | verlassen |

 **6. Lernschritt:** *Alles klar? Teste dich – setze* $\boxed{ss}$ *oder* $\boxed{ß}$ *ein!*

a) Wenn du mich verlä___t, werde ich das nie verge___en!

b) Die Pre___e berichtete über den Brand im verla___enen Schlo___.

c) Das Holzflo___ schaukelte in den gro___en lang ausholenden Wellen.

d) Mit Wa___er mu___ man ma___voll haushalten!

e) „Was ist blo___ mit dir los?", fragte der Lehrer fa___ungslos.

FÜNF-MINUTEN-DIKTaTE zum gezielten Rechtschreibtraining / 6. Schuljahr – Bestell-Nr. 10 885

KOHL VERLAG

## 15 Wie trennt man Wörter?

 **1. Lernschritt:** *Lies den Text aufmerksam durch! Lies laut!*

Mehrsilbige einfache Wörter trennt man so, wie es sich beim langsamen Sprechen von selbst ergibt. **1.** Ein einzelner Konsonant kommt auf die folgende Zeile: fra-gen, Ru-der, Rei-her. **2.** Von mehreren Konsonanten kommt der letzte auf die folgende Zeile: Mül-ler, Müh-le, rich-ten. **3.** Einzelne Vokale werden weder am Wortanfang noch am Wortende abgetrennt: Apri-ko-se, Ma-la-ria. **4.** Die Verbindungen ch, ck und sch – in Fremdwörtern auch ph, rh, sh und th – bezeichnen einzelne Laute und werden nicht getrennt: Ku-chen, Zu-cker, mi-schen, Phos-phor, Zir-rhose, Ca-shew-nuss, Men-thol.

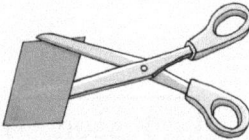

*85 Wörter*

**2. Lernschritt:** **a)** *Schreibe alle getrennten Wörter genauso aus dem Text heraus!*

_____

_____

_____

**b)** *Trenne nach den Regeln durch senkrechte Striche (Dass man au, ei, eu, ie usw. nicht in der Mitte trennt, ist wohl klar.)!*

Wörter, Sprechen, Konsonant, mehrere, Zeile, einzelner, folgende, Vokale, weder, Verbindungen, Fremdwörter, bezeichnen, Laute

**3. Lernschritt:** *Achte aufmerksam auf das Diktat!*

*Knicke das Blatt entlang der gestrichelten Linie nach hinten weg!*

- - - - - - - - - - - - - - - - - - - - - - - - - - - - - - - - - - - - - -

_____

_____

_____

_____

_____

_____

_____

_____

_____

FÜNF-MINUTEN-DIKTaTE zum gezielten Rechtschreibtraining / 6. Schuljahr – Bestell-Nr. 10 885

KOHL VERLAG

Im Text stehen die Wörter „Wortanfang" und „Wortende". Diese werden nicht nach der **2. Regel** getrennt, weil es sich um zusammengesetzte Wörter handelt.

Hier gilt die **5. Regel**:

Zusammengesetzte Wörter und Wörter mit Vorsilben werden nach ihren Bestandteilen getrennt.

| | | | |
|---|---|---|---|
| Also <u>nicht</u> | Wor – tanfang, | sondern | Wort – anfang |
| <u>nicht</u> | Wor – tende, | sondern | Wort – ende |
| <u>nicht</u> | eins – tellen, | sondern | ein – stellen |
| <u>nicht</u> | zuk – neifen, | sondern | zu – kneifen |
| <u>nicht</u> | get – rennt, | sondern | ge – trennt. |

**4. Lernschritt:** **a)** *Wenn man die **5. Regel** nicht beachtet, kann Merkwürdiges herauskommen. Berichtige die falschen Trennungen!*

**a)** Fluch - torte ➜ _____

**b)** Türk - linke ➜ _____

**c)** Hol - zofen ➜ _____

**d)** Staat - sex - amen ➜ _____

**b)** *Selbst wenn man sich beim Trennen an die Regeln hält, kann es Pannen geben. (Achtung: Vermeide Trennungen, die den Sinn entstellen!)*

**e)** Anal - phabet ➜ _____

**f)** Auto - renteam ➜ _____

**g)** Spargel - der ➜ _____

**h)** Urin - stinkt ➜ _____

**i)** Hörner - ven ➜ _____

**j)** beste - hende ➜ _____

**k)** bein - halten ➜ _____

**l)** Blumento - pferde ➜ _____

**5. Lernschritt:** *Alles klar? Teste dich – schrei - be die Wör - ter ge - trennt!*

**a)** Verbrennungsrückstände ➜ _____

**b)** Blumentopferde ➜ _____

**c)** Diktatübungsheft ➜ _____

**d)** Geburtstagsüberraschung ➜ _____

**e)** Wassereimer ➜ _____

**f)** Terrassenüberdachung ➜ _____

**g)** Gartenhäuschen ➜ _____

**h)** Jubiläumsfeier ➜ _____

**i)** Donaudampfschifffahrtsgesellschaftskapitän

➜ _____

FÜNF-MINUTEN-DIKTaTE zum gezielten Rechtschreibtraining / 6. Schuljahr – Bestell-Nr. 10 885

KOHL VERLAG

**1. Lernschritt:** *Lies den Text aufmerksam durch! Lies laut!*

Wir sind eine Sechserpackung – fünf Brüder, und beim sechsten Mal ist es eine Schwester geworden. Sie wird am Sechsten sechs und ist ziemlich nervig. Aber die Sechs ist eine gute Zahl, durch sechs lässt sich alles prima teilen. Wenn wir eine Literflasche haben, kriegt jeder einen sechstel Liter. Von einer Tafel Schokolade bekommt auch jeder ein Sechstel. Und wir spielen zu sechst Lotto und hoffen auf einen Sechser. Leider hat es bisher sechsmal nicht geklappt ... . **75 Wörter**

 **2. Lernschritt:** *Die Sechs wird im Text mal groß, mal klein geschrieben. Unterstreiche im Text und sortiere in die Tabelle ein!*

| groß | klein |
|---|---|
|  |  |
|  |  |
|  |  |
|  |  |

Eigentlich ist es doch einfach: vor den Wörtern links in der Tabelle steht immer ein (manchmal versteckter) Artikel. Also gehören diese Wörter alle zu der Wortart Nomen/Substantive – und die schreibt man immer groß!

**3. Lernschritt:** *Achte aufmerksam auf das Diktat!*

*Knicke das Blatt entlang der gestrichelten Linie nach hinten weg!*

- - - - - - - - - - - - - - - - - - - - - - - - - - - - - - - - - - - - - - - - - - - - - - - - - - - - - - - - - - - - - -

_____

_____

_____

_____

_____

_____

FÜNF-MINUTEN-DIKTaTE zum gezielten Rechtschreibtraining / 6. Schuljahr – Bestell-Nr. 10 885

**4. Lernschritt:** *Die Beispiele gelten natürlich nicht nur für die Sechs. Schreibe die Ausdrücke aus der Tabelle ab und ersetze die Sechs jedes Mal durch eine andere Zahl!*

| groß | klein |
|---|---|
| _____ | _____ |
| _____ | _____ |
| _____ | _____ |
| _____ | _____ |

„Dreihundertfünfundsiebzigmal" oder „ein Dreihundertdreiunddreißigstel" sind schwer zu lesen. Meist werden nur die Zahlen bis zwölf ausgeschrieben, größere Zahlen sind in Ziffern viel übersichtlicher. Dabei musst du wieder ein paar Regeln beachten:

- Bei Zusammensetzungen mit Adjektiven oder Nomen setzt man einen Bindestrich: *375-mal, 50-teilig, 8-silbig, 10-stellig, 30-Tonner, 80-jährig*
- Aber bei Ableitungen braucht man keinen Bindestrich: *20fach, ein 17tel, ein 25stel, die 90er*

 **5. Lernschritt:** *Tandem-Übung – du deckst die linke Seite der Tabelle zu, dein Nachbar die rechte. Du diktierst deinem Nachbarn die Wörter, die auf deiner Seite stehen. Dein Nachbar diktiert dir die Wörter auf seiner Seite. Dann tauscht ihr. Sagt dazu, ob Buchstaben oder Ziffern zu schreiben sind!*

| | | | |
|---|---|---|---|
| ich bin zwölf | | ein 12tel | |
| ein 50-seitiges Buch | | die 50er Jahre | |
| zu viert | | ein Viertel | |
| eine Zwei schreiben | | 2-stellig | |
| zehnmal | | ein Zehntel | |
| ein 8-Pfünder | | beim achten Mal | |
| eine Drei | | durch drei | |
| fünffach | | 5fach | |
| ein 100stel | | über hundert | |

FÜNF-MINUTEN-DIKTaTE zum gezielten Rechtschreibtraining / 6. Schuljahr – Bestell-Nr. 10 885

KOHL VERLAG

**1. Lernschritt:** *Lies den Text aufmerksam durch! Lies laut!*

Liebe Frau Martini,
wie geht es Ihnen? Haben Sie sich von Ihrer Erkältung erholt? Ich möchte mich noch einmal für die schönen Tage bedanken und Sie ganz herzlich einladen, demnächst zu uns zu kommen. Bitte geben Sie den beiliegenden Brief an Ihre Kinder weiter.
Liebe Grüße, Ihre Claudia

Hallo Karin und Jochen,
ich vermisse euch alle! Jochen, versuche deiner Mutter beizubringen, dass ihr uns bald besuchen müsst, auf dich hört sie doch bestimmt. Und euer Hund soll natürlich auch mitkommen! Karin, meine Jacke liegt noch in deinem Zimmer, bringst du sie bitte mit?
Gruß, eure Claudia

*96 Wörter*

 **2. Lernschritt:** **a)** *Markiere alle groß geschriebenen Anredepronomen (Tipp: es sind sieben Stück) mit grüner Farbe!*

**b)** *Markiere alle klein geschriebenen Anredepronomen (Tipp: es sind neun Stück) mit blauer Farbe!*

Alle Formen der „gesiezten" Anrede werden groß geschrieben.
Alle Formen der „geduzten" Anrede werden klein geschrieben.

 **3. Lernschritt:** *Achte aufmerksam auf das Diktat!*

*Knicke das Blatt entlang der gestrichelten Linie nach hinten weg!*

FÜNF-MINUTEN-DIKTaTE zum gezielten Rechtschreibtraining / 6. Schuljahr – Bestell-Nr. 10 885
KOHL VERLAG

**17** **Brieffreund**

Manchmal musst du gut aufpassen, um „gesiezte" Anredepronomen und andere Pronomen zu unterscheiden. Vergleiche diese Sätze:

**a)** „Wo sind Paul und Hanna? Haben sie ihre Mutter gefunden?"
„Haben Sie Ihre Tochter gefunden, Herr Jäger?"

**b)** „Die Katzen haben Hunger, ich gebe ihnen gleich ihr Futter."
„Frau Harms, ich bringe Ihnen gleich Ihr Essen."

**c)** „Müllers haben gefragt, ob sie ihren Hund mitbringen können."
„Frau Müller, bringen Sie Ihren Hund mit?"

Klar, nicht wahr? Nur dann, wenn jemand direkt angesprochen wird, gibt es Anredepronomen. Wenn über jemanden gesprochen wird, ist es ein normales, also klein geschriebenes Pronomen.

 **4. Lernschritt:** *Jetzt wird es kniffelig: Ordne jedem Satz eine der vorgegebenen Erklärungen zu!*

**1.** Ich frage Herrn Schmidt, ob die Kinder ihm geschrieben haben.
**2.** Ich frage Herrn Schmidt, ob die Kinder den Großeltern geschrieben haben.
**3.** Ich frage Herrn Schmidt, ob er den Kindern geschrieben hat.
**4.** Dieser Satz ist falsch.

**a)** „Haben Sie ihnen geschrieben?"  → _____

**b)** „Haben sie Ihnen geschrieben?"  → _____

**c)** „Haben Sie Ihnen geschrieben?"  → _____

**d)** „Haben sie ihnen geschrieben?"  → _____

 **5. Lernschritt:** *Alles klar? Teste dich – schreibe den Anfangsbuchstaben groß, wenn nötig! Schreibe auf die Blattrückseite oder in dein Heft!*

**a)** Paul, hast (d/D) ___u (d/D) ___eine Hausaufgaben gemacht? – Ja, Frau Klein, wollen (s/S) ___ie (s/S) ___ie sehen?

**b)** Können (s/S) ___ie mir sagen, wo die Post ist? - Kommen (s/S) ___ie, ich bringe (s/S) ___ie hin.

**c)** Frau Heine, (i/I) ___hre Tochter hat (i/I) ___hre Schultasche bei uns vergessen. Braucht (s/S) ___ie (s/S) ___ie heute noch oder kann meine Tochter (s/S) ___ie (i/I)hr morgen mit in die Schule bringen?

**d)** Herr Heilmann, (s/S) ___ie sind wieder zu spät dran! Ich habe (i/I) ___hretwegen den Bus verpasst! Haben (s/S) ___ie wenigstens die Bücher mit, die ich (i/I) ___hnen geliehen hatte?

**e)** Die Schüler sind mit den Übungen fertig. Hoffentlich fanden (s/S) ___ie (s/S) ___ie nicht zu schwierig! Ob es (i/S) ___hnen gelungen ist, (s/S) ___ie alle richtig zu machen?

FÜNF-MINUTEN-DIKTaTE zum gezielten Rechtschreibtraining / 6. Schuljahr – Bestell-Nr. 10 885

# 18  Der Taschendieb

**1. Lernschritt:**    *Lies den Text aufmerksam durch! Lies laut!*

Ein Taschendieb hatte dem Pfarrer die Geldbörse gestohlen. Am nächsten Tag  suchte er den Pfarrer auf um zu beichten. „Hochwürden, ich habe eine Geldbörse genommen", begann der Dieb, „und ich bereue es. Wollen Sie die Börse haben?" Salbungsvoll antwortete der Pfarrer: „Auf gar keinen Fall, mein Sohn. Du musst die Börse ihrem Eigentümer zurückgeben." „Das habe ich doch versucht!", rief der listige Dieb, „Aber er will sie nicht nehmen!" „Dann ist es kein Diebstahl und du kannst die Börse behalten", entschied der Pfarrer nach kurzer Überlegung.

*86 Wörter*

  **2. Lernschritt:**  **a)** *Markiere alle Anführungszeiten grün!*

**b)** *Markiere alle Satzzeichen, die am Ende der direkten Rede <u>vor</u> den Anführungszeichen stehen, blau!*

**c)** *Welches Satzzeichen steht am Ende der direkten Rede <u>nach</u> den Anführungszeichen, wenn der Satz weitergeht?*

_____    *Markiere es orange!*

**d)** *Setze alle fehlenden Zeichen ein! Vergleiche mit dem Text!*

- Ich war es   begann er   und ich schäme mich   Schämst du dich auch
- Er antwortete   Das geht nicht   Du musst es anders machen
- Das wollte ich   rief er   aber es klappt nicht
- Dann ist es gut   entschied er

**3. Lernschritt:**  *Achte aufmerksam auf das Diktat!*

*Knicke das Blatt entlang der gestrichelten Linie nach hinten weg!*

- - - - - - - - - - - - - - - - - - - - - - - - - - - - - - - - - - - - - - - - - - - - - - - - - - -

_____

_____

_____

_____

_____

_____

_____

FÜNF-MINUTEN-DIKTaTE zum gezielten Rechtschreibtraining  /  6. Schuljahr  –  Bestell-Nr. 10 885

KOHL VERLAG

- Die direkte Rede gibt wörtlich wieder, was gesagt wurde – also Frage-, Ausrufe- oder Aussagesätze. Sie wird in Anführungszeichen gesetzt und ist meist mit einem Begleitsatz verbunden.
- Fragezeichen und Ausrufezeichen bleiben in der direkten Rede immer erhalten, aber der Punkt nach einem Aussagesatz entfällt, wenn der Begleitsatz dahinter steht.
- Steht der Begleitsatz vor der direkten Rede, so wird ein Doppelpunkt gesetzt. Steht er dahinter oder geht er danach noch weiter, dann folgt ein Komma nach dem schließenden Anführungszeichen.

  *„Ich wohne hier", murmelte ich, „seit gestern."*
  *Sie fragte: „Wie heißt du?", und lächelte mich an.*
  *„Das sage ich nicht!", rief ich.*

- Eine direkte Rede innerhalb einer direkten Rede wird in halbe Anführungszeichen gesetzt:

  *„Verdammt lästig, dein ewiges ‚Ich will auch mal'!", zischte Susanne.*
  *„Mama!", schrie Robert, „Susanne hat wieder ‚verdammt' gesagt!"*

 **4. Lernschritt:** *Alles klar? Teste dich – setze alle Satzzeichen ein, die zur direkten Rede gehören! Achte auf Ausrufe- und Fragezeichen!*

### Ein Missverständnis

Der Fürst sagte zu seinem Verwalter   Für die

Treibjagd am Samstag brauchen wir etwa zwanzig

Treiber

In Ordnung    antwortete der Verwalter    ich küm-

mere mich darum

Und schärfen Sie ihnen ein, dass sie die ganze

Zeit   Ich bin kein Hirsch   rufen sollen    erinnerte ihn der Fürst    Ich möchte

nicht, dass wieder ein Treiber aus Versehen angeschossen wird

Bei der Treibjagd riefen die Treiber ständig    Ich bin kein Hirsch    Aber plötzlich

schrie einer   Ich bin getroffen    Der Fürst eilte entsetzt zu ihm und fragte    Wie

konnte das passieren        Ich verstehe es auch nicht    klagte der Treiber    Ich

habe dauernd gerufen    Ich bin kein Hirsch    ehrlich

Oh, das tut mir furchtbar Leid    entschuldigte sich der Schütze    aber ich habe

verstanden    Ich bin ein Hirsch

FÜNF-MINUTEN-DIKTaTE / 6. Schuljahr – Bestell-Nr. 10 885
zum gezielten Rechtschreibtraining
KOHL VERLAG

# 19 Das Fehlerlesen

**1. Lernschritt:** *Lies den Text aufmerksam durch! Lies laut!*

„Mag ein Chamäleon lieber Chips, Champagner oder Chrysanthemen? Das Chinchilla hat einen charmanten Charakter." Arne stöhnt. Was hat sich Herr Berger bloß für Sätze ausgedacht! Das ist keine Bio-Aufgabe, sondern Deutsch: „Aussprache des ch in Fremdwörtern". Morgen kommt Fehlerlesen mit diesen Wörtern dran. Die meisten kennt er ja – Chance, Chef, Chor, Chaos, Champion (nicht zu verwechseln mit Champignon, haha) und Chili sind kein Problem. Aber wie spricht man Chianti aus? Oder Chutney? Seufzend schreibt Arne die Wörter auf seine Checkliste und schlägt den Duden auf.

*85 Wörter*

**2. Lernschritt:**  **a)** *Unterstreiche im Text alle Wörter mit* Ch *!*

**b)** *Trage alle Wörter in die Tabelle ein! Schlage, falls nötig, im Duden nach!*

| Aussprache: k | Aussprache: sch | Aussprache: tsch |
|---|---|---|
|  |  |  |
|  |  |  |
|  |  |  |
|  |  |  |
|  |  |  |
|  |  |  |

**3. Lernschritt:** *Achte aufmerksam auf das Diktat!*

*Knicke das Blatt entlang der gestrichelten Linie nach hinten weg!*

FÜNF-MINUTEN-DIKTaTE zum gezielten Rechtschreibtraining / 6. Schuljahr – Bestell-Nr. 10 885

KOHL VERLAG

# 19  Das Fehlerlesen

Die Fremdwörter mit ch kommen überwiegend aus der englischen (Aussprache: tsch), griechischen (Aussprache: k) oder französischen Sprache (Aussprache: sch). Es gibt auch noch Wörter, in denen das ch wie in ich (Bronchitis) oder in ach (Chanukka) ausgesprochen wird. Manchmal ist die Aussprache nicht festgelegt. Man kann z.B. China, Chemie oder Chirurg mit K, Sch oder Ch (wie in ich) aussprechen, das ist je nach Gegend unterschiedlich.

**4. Lernschritt:** *Suche im Buchstabengitter die 14 Begriffe mit* ch *und sortiere sie nach ihrer Aussprache! Die Begriffe sind waagerecht und senkrecht versteckt. Markiere sie mit einem Textmarker!*

| C | E | A | V | O | C | H | O | L | E | R | A | S | I | C |
|---|---|---|---|---|---|---|---|---|---|---|---|---|---|---|
| H | L | F | Z | U | H | M | A | C | H | R | I | S | T | H |
| I | C | H | O | R | E | S | I | H | E | X | A | N | C | I |
| C | H | A | R | M | E | U | R | A | L | O | C | E | H | F |
| H | R | N | I | A | S | R | K | U | B | U | H | T | O | F |
| R | O | G | S | P | E | Q | C | S | C | H | R | I | L | R |
| O | M | A | G | A | B | I | N | S | A | L | O | Z | E | E |
| N | I | C | H | A | U | F | F | E | U | R | N | T | R | E |
| I | L | H | S | M | R | D | R | E | F | C | I | R | A | R |
| S | P | L | I | N | G | O | V | C | E | Z | K | P | U | E |
| C | K | O | C | H | E | M | N | I | T | Z | E | L | I | N |
| H | A | R | W | U | R | D | I | S | C | H | O | R | A | L |

| Aussprache: k | Aussprache: sch | Aussprache: tsch |
|---|---|---|
| _____ | _____ | _____ |
| _____ | _____ | _____ |
| _____ | _____ | _____ |
| _____ | _____ | _____ |

FÜNF-MINUTEN-DIKTaTE zum gezielten Rechtschreibtraining / 6. Schuljahr – Bestell-Nr. 10 885 — KOHL VERLAG

## 20 Annas Aufgaben

 **1. Lernschritt:** *Lies den Text aufmerksam durch! Lies laut!*

---

Anna hat nach der Schule nicht viel Freizeit. Sie ist eine recht gute Schülerin, aber für Mathe- und Englischaufgaben braucht sie meistens lange. Ein- bis zweimal im Monat finden Klassen- oder Gesamtkonferenzen statt, an denen sie teilnimmt, weil sie Klassensprecherin und -vertreterin ist. Seit ihre älteren Geschwister aus dem Haus sind, muss sie den Eltern viel bei der Haus- und Gartenarbeit und im Gebrauchtwagenan- und -verkaufsgeschäft helfen. Aber auf zwei Termine freut sie sich jede Woche: Sie besucht montags einen Tanz- und mittwochs einen Töpferkurs.

*85 Wörter*

---

**2. Lernschritt:** **a)** *Schreibe alle Ausdrücke mit Ergänzungsstrich unten heraus!*

_____

_____

_____

**b)** *Markiere den Ergänzungsstrich und den ersetzten Bestandteil rot!*

**3. Lernschritt:** *Achte aufmerksam auf das Diktat!*

*Knicke das Blatt entlang der gestrichelten Linie nach hinten weg!*

- - - - - - - - - - - - - - - - - - - - - - - - - - - - - - - - - - - -

_____

_____

_____

_____

_____

_____

_____

_____

_____

FÜNF-MINUTEN-DIKTaTE zum gezielten Rechtschreibtraining / 6. Schuljahr – Bestell-Nr. 10 885

KOHL VERLAG

- Wird bei Zusammensetzungen ein gemeinsamer Bestandteil eingespart, so wird als Ersatz ein Bindestrich gesetzt.

  *Vorname und Nachname* ⇨ *Vor- und Nachname*
  *Feldblumen, Waldblumen und Wiesenblumen* ⇨ *Feld-, Wald- und Wiesenblumen*
  *Fahrlehrer und Fahrprüfer* ⇨ *Fahrlehrer und –prüfer*

- Achtung! Der eingesparte Teil muss ein sinnvolles Wort sein.

  <u>Falsch:</u>  *ein Sechs- bis Achtel  („tel" ist kein Wort)*
  *Bäcker- und Konditorei  („Ei" ist zwar ein Wort, hier aber unsinnig)*

- Beachte besonders: getrennt geschriebene Ausdrücke ohne Ergänzungsstrich!

  *Privat- und öffentliche Sender* ⇦ ⇨ *öffentliche und Privatsender*
  *zurück- oder vorwärts fahren* ⇦ ⇨ *vorwärts oder zurückfahren*

**4. Lernschritt:**  *Alles klar? Teste dich – unterstreiche die Bestandteile, die eingespart werden können. Setze die Ausdrücke zusammen und verwende den Ergänzungsstrich passend!*

**a)** Verpackungskosten und Versandkosten  ⇨ _____

**b)** tagein und tagaus  ⇨ _____

**c)** wortlos und grußlos  ⇨ _____

**d)** Schreibhefte und karierte Hefte  ⇨ _____

**e)** Deutschbuch, Deutschheft und Deutschmappe

  ⇨ _____

**f)** Heilpflanzen und Gewürzpflanzen  ⇨ _____

**g)** Posteingang und Postausgang  ⇨ _____

**h)** Mietkosten und Nebenkosten  ⇨ _____

**i)** Vertragsbeginn und Vertragsende  ⇨ _____

**j)** Festkosten und andere Kosten  ⇨ _____

**k)** Gewichtszunahme oder Gewichtsabnahme

  ⇨ _____

**l)** Hühnerei oder Gänseei  ⇨ _____

**m)** Hamsterhaltung und Hamsterzucht  ⇨ _____

**m)** Bundesstraßen, Landstraßen und Kreisstraßen

  ⇨ _____

FÜNF-MINUTEN-DIKTaTE zum gezielten Rechtschreibtraining / 6. Schuljahr – Bestell-Nr. 10 885

KOHL VERLAG

**1** **Lernschritt 2:** **a)** <u>Doppelkonsonanten</u>: Tassen/Tasse, Wasser, Masse, quellen, lassen, Waffeleisen, einfetten, Kelle, Waffeln, Gitter, falls
<u>Dehnungs-h</u>: Mehl, einrühren, mehr, abkühlen, Sahne
**b)** Lösung siehe a)!

**Lernschritt 4:** Mas - sen; las - sen; ein - fet - ten; Waf - feln; Was - ser; quel - len; Waf - fel - ei - sen; Kel - le; Git - ter

**Lernschritt 5:** Masse - massig; Wasser - wässrig; mehr - mehrmals; einfetten - fettig; quellen - Quelle; abkühlen - Kühlung; lassen - //; Kelle - Kellen; Sahne - sahnig; Waffel - Wäffelchen; Gitter - vergittert; Waffeleisen - //; falls - andernfalls; einrühren - verrühren

**Lernschritt 6:** **a)** Meine Herren, es ist mir eine Ehre!   **b)** Das Lamm hat ein lahmes Bein.   **c)** Der Kahn hat ein Loch, den kann man nicht benutzen.   **d)** Es ist nicht leicht, eine Schubkarre geradeaus zu fahren.   **e)** Frau Meiers Sohn liegt gern in der Sonne.   **f)** Der Müller mahlt das Mehl in der Mühle.   **g)** Ich konnte nicht ahnen, dass Sie sich kennen!   **h)** Der mit Sauerrahm beladene LKW rammte einen Baum.   **i)** Es ist eine Wonne, in einem Haus mit Swimmingpool zu wohnen.

**2** **Lernschritt 2:** **a)** **ck:** verlockend, knackig, meckern, Rucksack;   **einfaches k:** Ilka, Türkei, stark, streikt
**tz:** Hitze, dutzende, ätzend, witziger;   **einfaches z:** Bauchtanz, Arzt, Herz, Walzer, gewürzte, Harz, ungeheizte, Käuzchen
**b)** Vor ck und tz stehen häufig Vokale, vor k und z zumeist Doppelvokale oder Konsonanten.

**Lernschritt 5:** **a)** Ich hatte zu spät gemerkt, dass das Benzin fast alle war. Auf dem Weg zur Tankstelle blieb das Auto stehen.
**b)** Susi bekommt einen Dackel und eine Schaukel geschenkt.
**c)** Wir essen Schinkenbrot und trinken Pfefferminztee.
**d)** In der Schweiz sind wir mit der Seilbahn zum Gipfelkreuz gefahren. Die Gondel hat so schrecklich geschaukelt, dass uns entsetzlich schlecht war!

**3** **Lernschritt 2:** **a)** thronte, athletischen, Thermoskanne, Thymiantee, Bibliothek, Therapie, Apotheke, Fieberthermometer, Asthma, Theater, Theorie, Thema
**b)** **th**ronte, a**th**letischen, **Th**ermoskanne, **Th**ymiantee, Biblio**th**ek, **Th**erapie, Apo**th**eke, Fieber**th**ermometer, As**th**ma, **Th**eater, **Th**eorie, **Th**ema

**Lernschritt 4:** **a)** Therapeut; **b)** Mathematik; **c)** pathetisch; **d)** Rhythmus; **e)** Katheder; **f)** Theologie; **g)** apathisch; **h)** ästhetisch; **i)** Theke; **j)** anthrazit; **k)** Atheist; **l)** Kathedrale; **m)** Therme; **n)** These; **o)** Äther; **p)** Hypothek; **q)** katholisch

**Lernschritt 5:** **a)** Meine Lieblingssportart ist Leichtathletik.
**b)** Ich brauche Medikamente gegen Asthma und Tuberkulose.
**c)** Die Bibliothekarin hat uns ein paar interessante Titel genannt.
**d)** Für den Führerschein musst du eine theoretische Prüfung machen.
**e)** Gegen deine Symptome gibt es verschiedene Therapien.

**4** **Lernschritt 2:** v/V ⇨ Vorschlag, vier, Vorfreude, Volleyball, vergehen, Vater, verbergen, verreisen, Vogelpark
f/F ⇨ Flyer, Fahnen, Ferien, fand (finden), Fischen, Freundin, Gefühl, gefällt (Gefallen)

**Lernschritt 4:** **a)** <u>Beispiele</u>: verdrehen, verfilmen, verfahren, verkaufen, verschonen, verrosten, verlegen ...
**b)** <u>Beispiele</u>: Vorhang, vorlesen, vortanzen, vorsingen, Vorgabe, vorläufig, Vorschlag ...

**Lernschritt 5:** Individuelle Lösungen!

**Lernschritt 6:** **a)** fertig; **b)** Falschparker; **c)** Freiheit; **d)** Vormund; **e)** Fleisch; **f)** vorrücken; **g)** Falle; **h)** Verpackung; **i)** Vielfahrer; **j)** Vogel; **k)** verrückt; **l)** flach; **m)** Forschung; **n)** Vorbild; **o)** Fertigung; **p)** vergebens; **q)** Fernsicht; **r)** Vorwort

**5** **Lernschritt 2:** **a)** wieder, widerwärtig, wiederholt, Widerwillens, widerfahren, Widerhaken, widersetzte, wieder, erwiderte, wieder, widerliche
**b)** <u>Nomen/Substantive</u>: Widerwillen(s), Widerhaken
<u>Verben</u>: widerfahren, widersetzte, erwiderte
<u>Adjektive</u>: widerwärtig, widerliche

FÜNF-MINUTEN-DIKTaTE zum gezielten Rechtschreibtraining / 6. Schuljahr – Bestell-Nr. 10 885
KOHL VERLAG

**5** **Lernschritt 4:** a) wider, wider;  b) wider;  c) wiederhole;  d) erwiderte;  e) widerwillig;  f) wiedergeben;
g) Widerhaken;  h) Wiederkäuer;  i) Widerschein;  j) Wiedersehen;  k) erwidere

**Lernschritt 5:** a) Die <u>Wieder</u>vereinigung Deutschlands ist schon zwanzig Jahre her.
b)  Wer sein Auto im Parkverbot abstellt, parkt  <u>wider</u>rechtlich.
c)  Das gefällt mir nicht, es ist mir zu<u>wider</u>.
d)  Der <u>Wieder</u>aufbau des beschädigten Hauses beginnt morgen.
e)  Von dem aufdringlichen Verhalten des Vertreters war ich ange<u>widert</u>.
f)  Ich habe den Kerl rausgeworfen und gesagt, er solle nicht <u>wieder</u>kommen.
g)  Kühe mit Fleisch zu füttern ist <u>wider</u>natürlich, sie sind Pflanzenfresser.
h)  Vielen Leuten <u>wider</u>strebt es zuzugeben, dass sie sich geirrt haben.
i)  Ich rufe nachher noch mal an. Auf <u>Wieder</u>hören!
j)  Wer ist bei diesem Streit dein  <u>Wider</u>sacher?
k)  Einer <u>Wieder</u>holung der Sommerferien würden die meisten Schüler sich nicht <u>wider</u>setzen.

**6** **Lernschritt 2:** b) <u>Beispiele:</u> ... dieses Mädchen, welches über uns wohnt;  ... hat ein Spielzeug, welches sie
haben will;   ... Einmal habe ich das blöde Plüschkrokodil, ohne welches sie nicht leben kann ...

**Lernschritt 4:** a) Konjunktion;  b) Artikel;  c) Relativpronomen;  d) Demonstrativpronomen

**Lernschritt 5:** a) Ich glaube dir, **dass** du das nicht getan hast.
b) Er hat ein Stück gespielt, **das** mir sehr gut gefällt.
c) Er sagt, **dass** er das Stück selbst geschrieben hat.
d) Karin behauptet, **dass** Michael **das** Handy hat, **das** ihr letzte Woche geklaut wurde. Hältst
du **das** für möglich?
e) Das Pferd, auf **das** ich Geld gesetzt habe, hat gewonnen.
f) Stimmt **das**, **dass das** Problem, **das** du mit das und dass hattest, jetzt gelöst ist?

**7** **Lernschritt 2:** a) **end-** ⇨ endlich, endlos, endgültig, unendlich, Endspiel
**ent-** ⇨ entfernen, entsetzlich, entnervt, Entscheidung
b) Die Vorsilbe end- ist betont, die Vorsilbe ent- nicht betont.

**Lernschritt 4:** Individuelle Lösungen!

**Lernschritt 5:** a) Gut, dass du endlich anrufst! Ich hatte versehentlich deine Nummer gelöscht und konnte
dich während der letzten Woche nicht erreichen.
b) Den Endpreis des Entsafters können Sie der Rechnung entnehmen.
c) Dein Zimmer ist im Moment so ordentlich. Du hast dich also endlich entschließen können
es zu entrümpeln.
d) Ich muss dringend mein Fahrrad entrosten.
e) Nach einem Fußballspiel ziehen die enttäuschten Fans gelegentlich tobend und
schimpfend durch die Stadt.
f) Der Film ist wohl nicht so spannend, wenn du dabei schlafend auf dem Sofa liegst.
g) Das Wesentliche am Lernen ist, dass du ganz entspannt, aber trotzdem konsequent an
die Sache herangehst. Dann wird das Endergebnis gut!

**8** **Lernschritt 2:** a) <u>blau:</u> 3x paar, 1x paarmal;   <u>rot:</u> 4x Paar
b) <u>paar:</u> ein paar Freundinnen, ein paar Wochen, ein paarmal, nach ein paar Monaten
<u>Paar:</u> ein befreundetes Paar, ein Paar werden, sein bestes Paar Schuhe, ein Paar Ringe

**Lernschritt 4:** <u>In folgender Reihenfolge:</u> Paar, Paar, paar, paar, paar

**Lernschritt 5:** a) Carla wünscht sich ein **Paar** goldene Ohrringe.
b) Frau Neureich trägt an jeder Hand ein **paar** Ringe.
c) Ich habe mir ein schönes **Paar** dicke Socken gestrickt.
d) Ich habe schon wieder ein **paar** einzelne Socken gesammelt. Wo mögen die anderen sein?
e) Auf der Hochspannungsleitung sitzen ein **paar** Vögel.
f) Mirko hat ein **Paar/paar** Kanarienvögel. Er hofft, dass die beiden bald brüten.
g) Katrin hat ein **paar** Pullover und ein **Paar** Handschuhe bekommen.
h) In dem neuen **Paar** Strümpfe sind schon ein **paar** Löcher, dabei habe ich sie erst ein
**paar**mal angezogen.
i) Ich habe ein **paar** Hosen, die mir zu weit sind, deshalb habe ich mir ein **Paar** Hosenträger
gekauft.

FÜNF-MINUTEN-DIKTaTE zum gezielten Rechtschreibtraining  /  6. Schuljahr  –  Bestell-Nr. 10 885

KOHL VERLAG

**9** **Lernschritt 2:** a) mitzuschreiben, zu beruhigen, vorzubereiten, durchzudrehen, zu bestehen, zu vergessen, zu können, nachzudenken, zu lösen, umzusetzen, zu durchschauen, abzuschreiben
b) <u>zusammen</u>: mitzuschreiben, vorzubereiten, durchzudrehen, nachzudenken, umzusetzen, abzuschreiben
<u>getrennt</u>: zu beruhigen, zu bestehen, zu vergessen, zu können, zu lösen, zu durchschauen

**Lernschritt 4:** a) aufzustehen; b) zu bedanken; c) aufzuregen; d) vorzustellen; e) zu hintergehen;
f) hinaufzuklettern; g) zu durchschauen; h) durchzuschauen; i) wiederzuholen;
j) zu wiederholen

**10** **Lernschritt 2:** a) schwer zu fallen, fernzusehen, schwarzzusehen, scharzzufahren, freizusprechen, schwarz zu sehen
b) <u>getrennt</u>: schwer zu fallen
<u>zusammen</u>: fernzusehen, schwarzzusehen, schwarzzufahren, freizusprechen

**Lernschritt 4:** a) fern liegen - völlig fern zu liegen; b) festsetzen - festzusetzen; c) hochfahren - hochzufahren

**Lernschritt 5:** a) bloßzustellen; b) nahe zu bringen (noch näher); c) schwarzzuarbeiten; d) totzuschlagen;
e) frei zu sprechen (ganz); f) freizusprechen; g) hochzurechnen; h) gut zu schreiben (besser);
i) gutzuschreiben

**11** **Lernschritt 2:** a) -ig: fertig, eindeutig, wichtig, gleichseitig, sorgfältig, richtig
-lig: eilig, rechtwinklig, gleichschenklig, krakelig, wackelig
-lich: eigentlich, erträglich, pünktlich, üblich, hoffentlich
b) Lösung siehe a)!

**Lernschritt 4:** a) zack<u>ig</u>; b) kind<u>lich</u>; c) langweil<u>ig</u>; d) blödsinn<u>ig</u>; e) zutrau<u>lich</u>; f) öl<u>ig</u>; g) verständ<u>lich</u>;
h) faul<u>ig</u>

**Lernschritt 6:** a) Den Schal finde ich hässl**ich**, die Farben sind knall**ig**, und er ist fussel**ig**.
b) Das Hemd soll gebügelt sein? Es ist fleck**ig** und falt**ig**!
c) Die Schüler sind vollzähl**ig**, das Wetter ist herrl**ich**, der Wandertag wird sicherl**ich** wieder lust**ig**.
d) Lehrer halten Hausaufgaben mehrheitl**ich** für selbstverständl**ich**, Schüler finden sie häuf**ig**
ziembl**ich** überflüss**ig**.
e) Es ist bedauerl**ich**, dass sich so viele Menschen ganz heft**ig** vor Spinnen fürchten. Spinnen
sind weder gefährl**ich** noch ekl**ig**, sondern nützl**ich**!

**12** **Lernschritt 2:** die roten Karten; der Erste Bürgermeister; der blaue Brief; der Große Panda; der Heilige Abend; die sieben Siegel; das Tote Meer; der Heilige Vater

**Lernschritt 4:** <u>Biologie</u>: der Afrikanische Elefant, die Gemeine Wespe, die Kleine Brennnessel, der Schwarze Panther, der Tasmanische Beutelteufel, der Große Panda
<u>Erdkunde</u>: das Kaspische Meer, der Atlantische Ozean, das Alte Land, die Ostfriesischen Inseln, die Sächsische Schweiz, das Tote Meer
<u>Geschichte/Politik</u>: der Erste Weltkrieg, der Erste Mai, das Rote Kreuz, der Erste Bürgermeister, der Heilige Vater, der Heilige Abend

**Lernschritt 5:** a) Gefleckte; b) gelben, Grünen; c) Viktorianische; d) große; e) schwarze; f) Kleine, Schwarze; g) gelbe, rote; h) Ersten Mai, regierende; i) Großen

**13** **Lernschritt 2:** <u>Adjektiv als Nomen (groß)</u>: die Kleinen und die Großen, die Jüngsten, die Älteren, nach Bekannten, als Langhaarigen
<u>Adjektiv (klein)</u>: die große Werbetafel, dem bunten Holzkarussell, einen grinsenden Kahlköpfigen, öfter komische Ideen, die blödeste Idee

**Lernschritt 4:** a) Die teuersten Sachen sind nicht immer die besten.
b) Er wählt immer nur das Teuerste und Beste.
c) Wenn du den blauen Pulli kaufst, nehme ich den grünen.
d) Die Grünen sind eine politische Partei.
e) Wer gesund ist, kann sich kaum vorstellen, wie sich Kranke fühlen.
f) Unser Auto ist kaputt, aber wir bekommen bald ein neues.
g) Heute ist ein Neuer in unsere Klasse gekommen.
h) Die kleine Rothaarige da drüben ist meine Kusine.
i) Ich habe zwei Brüder, einen älteren und einen jüngeren.
j) Es gibt drei Arten, klug zu werden: durch Nachahmen, das ist die einfachste; durch Nachdenken, das ist die edelste; und durch Erfahrung, das ist die bitterste.
k) Diese Übung hier war meine Einfachste, denn bei der Groß- und Kleinschreibung bin ich stets der Beste!

FÜNF-MINUTEN-DIKTaTE zum gezielten Rechtschreibtraining / 6. Schuljahr – Bestell-Nr. 10 885

**14** Lernschritt 2: Spaß, großen, Straße, süß, ließen, weißt, Großen, Ruß, Gruß, hinterließ, rußverschmiertes

Lernschritt 5: Individuelle Lösungen!

Lernschritt 6: a) Wenn du mich verlässt, werde ich das dir nie vergessen!
b) Die Presse berichtete über den Brand im verlassenen Schloss.
c) Das Holzfloß schaukelte in den großen lang ausholenden Wellen.
d) Mit Wasser muss man maßvoll haushalten!
e) „Was ist bloß mit dir los?", fragte der Lehrer fassungslos.

**15** Lernschritt 2: a) fra - gen; Ru - der; Rei - her; Mül - ler; Müh - le; rich - ten; Apri - ko - se; Ma - la - ria; Ku - chen; Zu - cker; mi - schen; Phos - phor; Zir - rhose; Ca - shew - nuss; Men - thol
b) Wör|ter; Spre|chen; Kon|so|nant; meh|re|re; Zei|le ein|zel|ner; fol|gen|de; Vo|ka|le; we|der; Ver|bin|dun|gen; Fremd|wör|ter; be|zeich|nen; Lau|te

Lernschritt 4: 1. a) Flucht - or - te; b) Tür - klin - ke; c) Holz - ofen; d) Staats - exa - men
2. e) An - al - pha - bet; f) Au - to - ren - team; g) Spar - gel - der; h) Ur - in - stinkt; i) Hör - ner - ven; j) be - ste - hen - de; k) be - in - hal - ten; l) Blu - men - topf - er - de

Lernschritt 5: a) Ver - bren - nungs - rück - stän - de; b) Blu - men - topf - er - de; c) Dik - tat - übungs - heft; d) Ge - burts - tags - über - ra - schung; e) Was - ser - ei - mer; f) Ter - ras - sen - über - da - chung; g) Gar - ten - häus - chen; h) Ju - bi - lä - ums - fei - er; i) Do - nau - dampf - schiff - fahrts - ge - sell - schafts - ka - pi - tän

**16** Lernschritt 2: <u>groß</u>: eine Sechserpackung, am Sechsten (sechs), die Sechs, ein Sechstel, einen Sechser
<u>klein</u>: beim sechsten Mal, sie wird sechs, durch sechs, sechstel Liter, zu sechst Lotto, sechsmal

Lernschritt 4: Individuelle Lösungen!

**17** Lernschritt 2: a) <u>groß</u>: Ihnen, Sie, Ihrer, Sie, Sie, Ihre, Ihre
b) <u>klein</u>: euch, deiner, ihr, dich, sie, euer, deinem, du, sie

Lernschritt 4: a) 3.; b) 1.; c) 4.; d) 2.

Lernschritt 5: a) Paul, hast du deine Hausaufgaben gemacht? – Ja, Frau Klein, wollen Sie sie sehen?
b) Können Sie mir sagen, wo die Post ist? - Kommen Sie, ich bringe Sie hin.
c) Frau Heine, Ihre Tochter hat ihre Schultasche bei uns vergessen. Braucht sie sie heute noch oder kann meine Tochter sie ihr morgen mit in die Schule bringen?
d) Herr Heilmann, Sie sind wieder zu spät dran! Ich habe Ihretwegen den Bus verpasst! Haben Sie wenigstens die Bücher mit, die ich Ihnen geliehen hatte?
e) Die Schüler sind mit den Übungen fertig. Hoffentlich fanden sie sie nicht zu schwierig! Ob es ihnen gelungen ist, sie alle richtig zu machen?

**18** Lernschritt 2: a) Ein Taschendieb hatte dem Pfarrer die Geldbörse gestohlen. Am nächsten Tag suchte er den Pfarrer auf um zu beichten. „Hochwürden, ich habe eine Geldbörse genommen", begann der Dieb, „und ich bereue es. Wollen Sie die Börse haben?" Salbungsvoll antwortete der Pfarrer: „Auf gar keinen Fall, mein Sohn. Du musst die Börse ihrem Eigentümer zurückgeben." „Das habe ich doch versucht!", rief der listige Dieb, „Aber er will sie nicht nehmen!" „Dann ist es kein Diebstahl und du kannst die Börse behalten", entschied der Pfarrer nach kurzer Überlegung.
b) Ein Taschendieb hatte dem Pfarrer die Geldbörse gestohlen. Am nächsten Tag suchte er den Pfarrer auf um zu beichten. „Hochwürden, ich habe eine Geldbörse genommen", begann der Dieb, „und ich bereue es. Wollen Sie die Börse haben?" Salbungsvoll antwortete der Pfarrer: „Auf gar keinen Fall, mein Sohn. Du musst die Börse ihrem Eigentümer zurückgeben." „Das habe ich doch versucht!", rief der listige Dieb, „Aber er will sie nicht nehmen!" „Dann ist es kein Diebstahl und du kannst die Börse behalten", entschied der Pfarrer nach kurzer Überlegung.
c) ein Komma
d) „Ich war es", begann er, „und ich schäme mich! Schämst du dich auch?"
Er antwortete: „Das geht nicht! Du musst es anders machen."
„Das wollte ich!", rief er, „aber es klappt nicht!"
„Dann ist es gut", entschied er.

FÜNF-MINUTEN-DIKTaTE zum gezielten Rechtschreibtraining / 6. Schuljahr – Bestell-Nr. 10 885
KOHL VERLAG

**18** **Lernschritt 4:** Ein Missverständnis

Der Fürst sagte zu seinem Verwalter: „Für die Treibjagd am Samstag brauchen wir etwa zwanzig Treiber." „In Ordnung", antwortete der Verwalter, „ich kümmere mich darum!" „Und schäfern Sie ihnen ein, dass sie die ganze Zeit ‚Ich bin kein Hirsch' rufen sollen!", erinnerte ihn der Fürst. „Ich möchte nicht, dass wieder ein Treiber aus Versehen angeschossen wird." Bei der Treibjagd riefen die Treiber ständig: „Ich bin ein Hirsch." Aber plötzlich schrie einer: „Ich bin getroffen!" Der Fürst eilte entsetzt zu ihm und fragte: „Wie konnte das passieren?" „Ich verstehe es auch nicht!", klagte der Treiber. „Ich habe dauernd gerufen ‚Ich bin ein Hirsch', ehrlich!" „Oh, das tut mir furchtbar Leid", entschuldigte sich der Schütze, „aber ich habe verstanden ‚Ich bin ein Hirsch'."

**19** **Lernschritt 2:**
a) Chamäleon, Chips, Champagner, Chrysanthemen, Chinchilla, charmanten, Charakter, Chance, Chef, Chor, Chaos, Champion, Champignon, Chili, Chianti, Chutney, Checkliste
b) **k** ⇨ Chamäleon, Chrysanthemen, Charakter, Chor, Chaos, Chianti
**sch** ⇨ Champagner, charmanten, Chance, Chef, Champignon
**tsch** ⇨ Chips, Chinchilla, Champion, Chili, Chutney, Checkliste

**Lernschritt 4:**

| C | E | A | V | O | C | H | O | L | E | R | A | S | I | C |
|---|---|---|---|---|---|---|---|---|---|---|---|---|---|---|
| H | L | F | Z | U | H | M | A | C | H | R | I | S | T | H |
| I | C | H | O | R | E | S | I | H | E | X | A | N | C | I |
| C | H | A | R | M | E | U | R | A | L | O | C | E | H | F |
| H | R | N | I | A | S | R | K | U | B | U | H | T | O | F |
| R | O | G | S | P | E | Q | C | S | C | H | R | I | L | R |
| O | M | A | G | A | B | I | N | S | A | L | O | Z | E | F |
| N | I | C | H | A | U | F | F | E | U | R | N | T | R | E |
| I | L | H | S | M | R | D | R | E | F | C | I | R | A | R |
| S | P | L | I | N | G | O | V | C | E | Z | K | P | U | E |
| C | K | O | C | H | E | M | N | I | T | Z | E | L | I | N |
| H | A | R | W | U | R | D | I | S | C | H | O | R | A | L |

**k** ⇨ Chic, Charme, Chauffeur, Chiffre, Chaussee
**sch** ⇨ Chor, Cholera, Chrom, Chlor, Chronik, Christ, Choral, chronisch
**tsch** ⇨ Cheeseburger

**20** **Lernschritt 2:**
a) Mathe- und Englischaufgaben, ein- bis zweimal, Klassen- oder Gesamtkonferenzen, Klassensprecherin und -vertreterin, Haus- und Gartenarbeit, Gebrauchtwagenan- und verkaufsgeschäft, Tanz- und Töpferkurs
b) Mathe- und Englisch**aufgaben**, ein- bis zwei**mal**, Klassen- oder Gesamt**konferenzen**, **Klassen**sprecherin und -vertreterin, Haus- und Garten**arbeit**, Gebrauchtwagenan- und ver**kaufsgeschäft**, Tanz- und Töpfer**kurs**

**Lernschritt 4:**
a) Verpackungs- und Versandkosten;  b) tagein und -aus;  c) wort- und grußlos;  d) Schreibhefte und karierte Hefte *(keine Abkürzung möglich)*;  e) Deutschbuch, -heft und -mappe;  f) Heil- und Gewürzpflanzen;  g) Postein- und -ausgang;  h) Miet- und Nebenkosten;  i) Vertragsbeginn und -ende;  j) Festkosten und andere Kosten *(keine Abkürzung möglich)*;  k) Gewichtszu- und abnahme;  l) Hühner- und Gänseei;  m) Hamsterhaltung und -zucht;  n) Bundes-, Land- und Kreisstraßen

FÜNF-MINUTEN-DIKTaTE zum gezielten Rechtschreibtraining / 6. Schuljahr – Bestell-Nr. 10 885
KOHL VERLAG

## Jochen Vatter & Horst Hartmann

### Rechtschreibung ... aber richtig!

Intensivkurs zur Verbesserung der Rechtschreibung

Damit die Rechtschreibregeln sitzen, wird klein-schrittig trainiert. Zahlreiche Übungen gehen immer ganz gezielt auf EIN Rechtschreibphänomen ein. Erst in weiterführenden Übungen werden mehrere Rechtschreibregeln miteinander kombiniert. So wird Rechtschreibung nachhaltig verbessern mit unserem Intensivkurs in drei Niveaustufen zur Differenzierung.

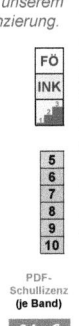

**5. Schuljahr** — Jochen Vatter
**Rechtschreibung ... aber richtig!**
Intensivkurs zur Verbesserung der Rechtschreibkompetenz in drei Niveaustufen

| Klasse | | | je 80 Seiten |
|---|---|---|---|
| 5 | Buch | 12 063 | 19,80 € |
| | PDF | P12 063 | 15,99 € |
| 6 | Buch | 12 064 | 19,80 € |
| | PDF | P12 064 | 15,99 € |
| 7 | Buch | 12 164 | 19,80 € |
| | PDF | P12 164 | 15,99 € |
| 8 | Buch | 12 301 | 19,80 € |
| | PDF | P12 301 | 15,99 € |
| 9 | Buch | 12 521 | 19,80 € |
| | PDF | P12 521 | 15,99 € |
| 10 | Buch | 12 522 | 19,80 € |
| | PDF | P12 522 | 15,99 € |

FÖ INK BF
5 6 7 8 9 10
PDF-Schullizenz (je Band) 64,- €

*Regelmäßiges Training der Rechtschreibung !!!*

---

## Friedhelm Heitmann & Ulrike Stolz

### LWST Zeichensetzung kinderleicht

Die Kopiervorlagen eignen sich hervorragend zum Erlernen und Wieder-holen der Zeichensetzungsregeln und sind in der Freiarbeit oder zum Stationenlernen verwendbar. Die Regeln und Übungen sind so „kinderleicht" konzipiert, dass Ihre Schüler die abwechslungsreich gestalteten Übungen problemlos bewältigen können.

Sekundarstufe — F. Heitmann & U. Stolz
**Lernwerkstatt Zeichensetzung kinderleicht**
• Die Regeln zur Zeichensetzung einfach erklärt • Leichte Übungen zur Festigung der Zeichensetzung • Freiarbeitsmaterial • Mit Lösungen

| | | | PDF-Schullizenz |
|---|---|---|---|
| Buch | 10 724 | 17,80 € | |
| PDF | P10 724 | 14,49 € | 58,- € |

80 Seiten — 5 6 7 8 9 10

---

## Kurt Schreiner

### Zeichensetzung – So gehts!

Die wesentlichen Regeln der Zeichensetzung erarbeiten sich Ihre Schüler mit diesem Lehrwerk anhand einprägsamer, abwechslungsreicher Übun-gen. Auf seltene Sonderfälle wurde bewusst verzichtet, sodass die Schüler zum logischen Gebrauch der Satzzeichen hingeführt werden.Hierbei kann das Buch auch als Nachschlagewerk dienen, denn: ein Text ohne Fehler ist eine gute Visitenkarte!

Sekundarstufe — Kurt Schreiner
**Zeichensetzung So gehts!**
Die Zeichensetzung verständlich erklärt

| | | | PDF-Schullizenz |
|---|---|---|---|
| Buch | 12 001 | 17,80 € | |
| PDF | P12 001 | 14,49 € | 58,- € |

72 Seiten — 5 6 7 8 9 10

---

## Christiane Vatter-Wittl

### Die Rechtschreibkartei

Diese Lernkartei ist vielseitig einsetzbar. In verschiedenen Aufgaben wer-den u.a. die Groß- und Kleinschreibung, Wortfelder, Wortfamilien, Tren-nung, Wortbedeutungen, Ober- und Unterbegriffe, Doppelvokale und -konsonanten (u.v.m.) behandelt. Außerdem gibt es motivieren-de Rechtschreibspiele rund um die Wortschatzarbeit.

5.-10. Schuljahr — Christiane Vatter-Wittl
**Die Rechtschreibkartei**
120 Aufgabenkarten zum Vertiefen, Festigen, Differenzieren und Individualisieren

| | | | PDF-Schullizenz |
|---|---|---|---|
| Buch | 11 093 | 24,80 € | |
| PDF | P11 093 | 19,99 € | 80,- € |

120 Seiten — 5 6 7 8 9 10 — FÖ

---

## Wolfgang Wertenbroch

### 99x Deutsch — Die Freiarbeitstheke

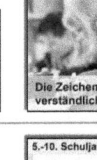

Schriftsprache, Rechtschreibung, sinnerfassendes Lesen und Textverste-hen – die Teilbereiche Lesen, Sinnentnahme, Sinngebung, Rechtschrei-bung, integrierte Lerntechniken sowie Lehr- und Lernziele werden intensiv bearbeitet. Interessante Aufgaben verlangen den Schülern grundlegende Kompetenzen ab. Partnerarbeit, Kommunikations- und Anpassungs-fähigkeit werden trainiert und verbessert.

5.-8. Schuljahr — Wolfgang Wertenbroch
**99x Deutsch Die Freiarbeitstheke**
• Lesen • Rechtschreibung • Sinnentnahme und -gebung • Integrierte Lerntechniken

| | | | PDF-Schullizenz |
|---|---|---|---|
| Buch | 11 178 | 21,80 € | |
| PDF | P11 178 | 17,49 € | 70,- € |

112 Seiten — 5 6 7 8 — FÖ

---

## Wolfgang Wertenbroch

### Kohls kreativer Satzbautrainer

Die Schüler lernen, mit der deutschen Sprache umzugehen, sie korrekt einzusetzen und dadurch mit ihr besser zurechtzukommen. Satzglieder werden bestimmt, ganze Sätze werden umgestellt – mit der Sprache wird regelrecht „jongliert". Mit Übungen zur Bestimmung von Subjekt, Objekt & Prädikat. Hierbei wird auch am Ausdrucksstil gefeilt.

Sekundarstufe — Wolfgang Wertenbroch
**Kohls kreativer Satzbautrainer**
Mit der Sprache jonglieren
58 Kopiervorlagen, mit Lösungen

| | | | PDF-Schullizenz |
|---|---|---|---|
| Buch | 10 716 | 16,80 € | |
| PDF | P10 716 | 13,49 € | 54,- € |

64 Seiten — 5 6 7 8

---

## Stefanie Kraus & Sabine Hauke

### Die Satzbau-Werkstatt — Spielideen & Übungen

Neben unerlässlichen Übungen zum Satzbau werden zu einigen Satzstel-lungen und Fällen Spielideen sowie fertige Spiele zur Partner- und Grup-penarbeit angeboten. Diese ermöglichen eine kinderleichte Auseinander-setzung mit dem Satzbau, wodurch nach und nach ein spielerische Weise ein sichereres Gefühl für diesen gewonnen wird. **Mit 16 Extraseiten auf dickem Papier zum Ausschneiden.**

2.-7. Schuljahr — S. Kraus & S. Hauke
**Die Satzbau-Werkstatt**
Spielideen und Übungen zum kinderleichten Satzbautraining
Arbeitsblätter und Spiele mit Lösungen

| | | | PDF-Schullizenz |
|---|---|---|---|
| Buch | 11 003 | 19,80 € | |
| PDF | P11 003 | 15,99 € | 64,- € |

80 Seiten — 5 6 7

---

## Stefan Schulze-Beiering

### Intensivkurs Rechtschreibung

Ein Intensivkurs der Extraklasse, der die Tücken der deutschen Rechtschreibung kleinschrittig, mit Hilfe von Regeln, Zusammenhängen und Aufga-ben, trainiert. Der Band ist so gestaltet, dass er sich bestens zum selbstständigen und indi-viduellen Arbeiten eignet, da die Aufgaben selbsterklärend sind. Für Förderunterricht, Nachhilfe und dem Üben zuhause bestens geeignet.

5.-6. Schuljahr — Stefan Schulze Beiering
**Intensivkurs Rechtschreibung**
Das Reparaturset für die Klassen 5 und 6

| Klasse | | | je 114 Seiten |
|---|---|---|---|
| 5/6 | Buch | 12 118 | 24,80 € |
| | PDF | P12 118 | 19,99 € |
| 7/8 | Buch | 12 119 | 24,80 € |
| | PDF | P12 119 | 19,99 € |
| 9/10 | Buch | 12 402 | 22,80 € |
| | PDF | P12 402 | 18,49 € |

FÖ
5 6 7 8 9 10
PDF-Schullizenz (je Band) 80,- €

---

## Horst Hartmann & Petra Zwerenz

### Rechtschreibung ... in drei Niveaustufen

Lernen nach dem jeweiligen Leistungsvermögen mit Übungen zu einem Rechtschreibphänomen. Sowohl Material als auch Lösungen sind 3-fach differenziert und zum selbststän-digen Arbeiten geeignet. Rechtschreibre-geln werden in den einzelnen, unabhängig einsetzbaren Einheiten erlernt und trainiert.

5.-7. Schuljahr — Horst Hartmann
**RECHTSCHREIBUNG in drei Niveaustufen**
• Einzeln einsetzbare Einheiten
• Wichtige Rechtschreibregeln

| Klasse | | | je 64 Seiten |
|---|---|---|---|
| 5-7 | Buch | 11 891 | 17,80 € |
| | PDF | P11 891 | 14,49 € |
| 8-10 | Buch | 12 891 | 17,80 € |
| | PDF | P12 891 | 14,49 € |

FÖ
5 6 7 8 9 10
PDF-Schullizenz (je Band) 58,- €

---

## Andrea Schinhärl

### Der innovative LRS-Trainer — Schnelle Soforthilfe für Schüler, Lehrer und Eltern

Die 13 Trainingseinheiten sind das ideale, innovative und wirksame Trai-ningsmaterial! Die Übungen widmen sich den größten Problemfeldern in der deutschen Rechtschreibung und erklären diese mit abwechs-lungsreichen Aufgaben und Übungen.

Alle Altersstufen — Andrea Schinhärl
**Der innovative LRS-Trainer**
Schnelle Soforthilfe für alle gestressten Lehrer & Eltern

| | | | PDF-Schullizenz |
|---|---|---|---|
| Buch | 10 742 | 18,80 € | |
| PDF | P10 742 | 14,99 € | 60,- € |

72 Seiten — FÖ INK — 5 6 7 8 9 10

---

## Andrea Schinhärl

### LRS wirksam bekämpfen!

Sprachbeherrschung, -verständnis und der kreativ-fantasievolle Umgang mit Sprache sind entscheidend für das zukünftige Leben. Wenn bei diesen Grundkompetenzen große Schwierigkeiten vorliegen, ist oft die soge-nannte „Lese-Rechtschreib-Schwäche" verantwortlich. Dieser Band liefert gezielte aufbauende Übungen zur Behebung dieser Schwächen!

Alle Altersstufen — Andrea Schinhärl
**LRS wirksam bekämpfen!**
Aufbauende Übungen aus der Praxis

| | | | PDF-Schullizenz |
|---|---|---|---|
| Buch | 11 232 | 19,80 € | |
| PDF | P11 232 | 15,99 € | 64,- € |

80 Seiten — FÖ INK — 5 6 7 8 9 10

---

## Roswitha Wurm

### Wahrnehmung trainieren bei LRS — LRS & Legasthenie wirkungsvoll behandeln

Klar strukturierte Übungen liefern schnelle Erfolgserlebnisse. Zusätz-liche Wahrnehmungsspiele ergänzen die Arbeitsblätter sinnvoll. Diese Kopiervorlagen lassen sich erfolgreich im Einzel-, Gruppen- & Förder-unterricht einsetzen.

SEK & Erwachsenenbildung — Roswitha Wurm
**Wahrnehmung trainieren bei LRS** 1
LRS & Legasthenie wirkungsvoll bekämpfen mit gezielten Übungen

| | | | PDF-Schullizenz |
|---|---|---|---|
| Buch | 11 311 | 19,80 € | |
| PDF | P11 311 | 15,99 € | 64,- € |

80 Seiten — FÖ INK — 5 6 7 8 9 10 11-13

---

## Roswitha Wurm

### Aufmerksamkeit trainieren bei LRS — Schulung der Wahrnehmung & Aufmerksamkeit

Diese Übungen schulen die Aufmerksamkeit, die für eine gelingende und erfolgreiche Behandlung von LRS notwendig ist, mit abwechs-lungsreichen chronologischen Übungen.

SEK & Erwachsenenbildung — Roswitha Wurm
**Aufmerksamkeit trainieren bei LRS** 2
Aufgaben zur Schulung der Wahrnehmung und Aufmerksamkeit

| | | | PDF-Schullizenz |
|---|---|---|---|
| Buch | 11 312 | 16,80 € | |
| PDF | P11 312 | 13,49 € | 54,- € |

64 Seiten — FÖ INK — 5 6 7 8 9 10 11-13

---

## Mila Müller

### LRS-Übungen mit Körperwahrnehmung

Um Kindern mit einer Lese-Rechtschreibschwäche den Zugang zur Sprache zu erleichtern, bietet sich das Ansprechen verschiedenster Areale im Ge-hirn an. Mit Hilfe von bewegungs- und wahrnehmungsgestützten Übungen erlaubt dieses Werk nicht nur Ihren LRS-Kindern Übungen mit Hilfe anderer Wahrnehmungskanäle.

2.-6. Schuljahr — Mila Müller
**LRS-Übungen mit Körperwahrnehmung**
LRS-Kindern neue Zugänge bieten

| | | | PDF-Schullizenz |
|---|---|---|---|
| Buch | 11 989 | 14,80 € | |
| PDF | P11 989 | 11,99 € | 48,- € |

32 Seiten — FÖ — 5 6

---

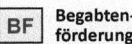  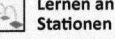  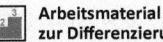